O Gosto

Montesquieu

O GOSTO

Tradução e posfácio
Teixeira Coelho

ILUMINURAS

Título original:
Le goût

Capa:
Fê
Estúdio A garatuja amarela
sobre Vestígio (2003), imagem digital [dimensões variáveis],
Regina Silveira (São Paulo).

Revisão:
José Feres Sabino

Dados Internacionais de Catalogação na Publicação (CIP)
(Câmara Brasileira do Livro, SP, Brasil)

Montesquieu, Charles de Secondat, Baron de, 1689-1755.
O gosto / Montesquieu; tradução e
posfácio Teixera Coelho. — São Paulo : Iluminuras, 2005 (2º Reimp., 2014).

Título original: Le goût
Bibliografia.
ISBN 85-7321-229-2

1. Arte – Filosofia – Obras anteriores a 1800
2. Ensaios franceses 3. Estética – Obras anteriores
a 1800 4. Estética francesa – Século 18 5. Gosto
I. Coelho, Teixeira. II. Título.

05-4749 CDD-844.5

Índice para catálogo sistemático:

1. Ensaios : Literatura francesa : Século 18	844.5
2. Século 18 : Ensaios : Literatura francesa	844.5

ILUMINURAS
desde 1987

Rua Salvador Corrêa, 119, Aclimação
04109-070 | São Paulo/SP
Telefone: 55 11 3031-6161
iluminuras@iluminuras.com.br
www.iluminuras.com.br

ÍNDICE

"Este fragmento foi encontrado inacabado entre seus papéis; o autor não teve tempo de dar-lhe os últimos retoques; mas as idéias iniciais dos grandes mestres merecem ser conservadas para a posteridade, assim como os esboços dos grandes pintores".

Enciclopédia, tomo VII, 1757

Ensaio Sobre o Gosto nas Coisas da Natureza e da Arte

Em nosso atual modo de ser, a alma desfruta três espécies de prazeres: aqueles que extrai do fundo de sua própria existência, outros que resultam de sua união com o corpo, e outros, enfim, baseados nas inclinações e preconceitos que certas instituições, certos usos, certos hábitos lhe impuseram.

São esses diferentes prazeres da alma que formam os objetos do gosto, tais como o belo, o bom, o agradável, o ingênuo, o delicado, o terno, o gracioso, o *não sei o quê*, o nobre, o grandioso, o sublime, o majestoso etc. Por exemplo, quando sentimos prazer em ver uma coisa que nos é útil, dizemos que se trata de uma boa coisa; quando sentimos prazer em vê-la, embora sem nela distinguir alguma real utilidade, a dizemos bela.

Os antigos não se deram bem conta desse aspecto; viam como qualidades positivas todas as qualidades relativas da alma, o que torna hoje insustentáveis, por basearem-se numa falsa filosofia, esses diálogos nos quais Platão põe Sócrates a argumentar, diálogos tão admirados pelos antigos: é que todos esses raciocínios feitos sobre o bom, o belo, o perfeito, o prudente, o insano, o duro, o mole, o seco, o úmido, tratados como coisas positivas em si, nada mais significam.

As fontes do belo, do bom, do agradável, etc. estão em nós mesmos; buscar suas razões é buscar as causas dos prazeres da alma.

Examinemos portanto essa alma, estudemo-la em suas ações e paixões, busquemo-la em seus prazeres: é aí que ela mais se revela. A poesia, a pintura, a escultura, a arquitetura, a música, a dança, os diferentes tipos de jogos, as obras da natureza e da arte, enfim, podem dar-lhe prazer: vejamos por que, como e quando isso acontece; entendamos nossos sentimentos: isso poderá contribuir para a formação de nosso gosto, que nada mais é senão a vantagem de descobrir com sutileza e presteza a medida do prazer que cada coisa deve dar às pessoas.

Dos Prazeres da Alma

A alma, independentemente dos prazeres que extrai dos sentidos, experimenta outros que lhe são próprios, como os que lhe despertam a curiosidade, os que lhe dão uma idéia de sua grandeza, de suas perfeições, de sua existência como algo oposto ao sentimento da noite, o prazer de abarcar todo o conteúdo de uma idéia geral, o de ver um grande número de coisas etc., o de comparar, associar e separar idéias. Esses prazeres são inerentes à natureza da alma, indepen-dentemente dos sentidos, porque pertencem a todo ser que pensa; e é em tudo indiferente saber se a alma tem esses prazeres na condição de substância vinculada ao corpo ou como algo separado do corpo, e isso porque ela sempre os sente e porque são os objetos do gosto; portanto, não faremos aqui distinção entre os prazeres que lhe advêm de sua própria natureza e aqueles que resultam de sua união com o corpo; diremos que todos esses são prazeres naturais, a distinguir dos prazeres adquiridos que a alma obtém por meio de certas relações com os prazeres naturais; e do mesmo modo, e pela mesma razão, faremos distinção entre o gosto natural e o gosto adquirido.

É bom conhecer a fonte dos prazeres dos quais o gosto é a medida: o conhecimento dos prazeres naturais e adquiridos poderá servir para retificar nosso gosto natural e nosso gosto adquirido. É preciso partir do ponto em que se encontra nosso ser e saber quais são seus prazeres para poder avaliar esses prazeres e, mesmo, por vezes, sentir esses prazeres.

Se a alma não estivesse unida ao corpo, ela procederia pelo conhecimento; mas tudo indica que gostaria daquilo que fosse objeto de seu conhecimento; hoje apreciamos quase apenas aquilo que não conhecemos.

Nosso modo de ser é inteiramente arbitrário; poderíamos ser assim como somos tanto quanto poderíamos ser de outro modo. Mas, se fôssemos de outro modo, sentiríamos de modo diferente; um órgão a mais ou a menos em nossa máquina teria resultado numa outra eloqüência, numa outra poesia; uma tecitura diversa dos mesmos órgãos atuais também produziria uma outra poesia: por exemplo, se a constituição de nossos órgãos nos tivesse tornado capazes de uma atenção mais demorada, todas as regras que estabelecem a disposição da pessoa em relação a essa mesma atenção não mais existiriam; se fôssemos dotados de maior capacidade de análise, todas as regras baseadas no grau de nossa atual capacidade de análise também desapareceriam; enfim, todas as leis estabelecidas sobre o fato de que nossa máquina é do modo como é seriam outras, se essa máquina não fosse como é.

Se nossa visão fosse mais fraca e menos precisa, seria necessário que a arquitetura tivesse menos ornamentos e mais uniformidade em seus componentes; se nossa visão fosse mais nítida e nossa alma capaz de abarcar mais coisas a um só tempo, a arquitetura precisaria ter mais desses ornamentos; se nossas orelhas fossem como as de certos animais, seria preciso alterar muitos de nossos instrumentos musicais. Sei perfeitamente que as relações entre as coisas teriam subsistido; mas, alterando-se as relações que mantêm conosco, as coisas que, na atual condição, produzem um certo efeito em nós não mais o produziriam; e como a perfeição das artes consiste em nos apresentar as coisas de modo a nos proporcionar o maior prazer possível, seria preciso que as artes mudassem, uma vez que seria outra a maneira de nos darem prazer.

De início, seria possível pensar que para ter gosto bastaria conhecer as diversas fontes de nosso prazer; e que depois de lermos o que a filosofia tem a dizer a respeito, teríamos gosto e poderíamos nos atrever a julgar as obras. Mas o gosto natural não é um conhecimento teórico; é uma aplicação direta e requintada de regras que não conhecemos bem. Não é necessário saber que provém da surpresa o prazer que nos é dado por algo que consideramos belo; basta que nos surpreenda, e que nos surpreenda tanto quanto deve surpreender, nem mais nem menos.

Assim, o que podemos dizer aqui, bem como todos os preceitos que poderíamos dar para a formação do gosto, só podem dizer respeito ao gosto adquirido, isto é, só podem dizer respeito diretamente ao gosto adquirido, mesmo que indiretamente digam respeito ao gosto natural, porque o gosto adquirido afeta, muda, aumenta e diminui o gosto natural, tanto quanto o gosto natural afeta, muda, aumenta e diminui o gosto adquirido.

A definição mais geral do gosto, sem considerar se se trata de um bom gosto ou de um mau gosto, um gosto adequado ou não, é que gosto é aquilo que nos liga a uma coisa por meio do sentimento, o que não impede que ele possa aplicar-se às coisas do intelecto, cujo conhecimento dá tanto prazer à alma que essa é mesmo a única felicidade que certos filósofos conseguem compreender. A alma conhece por meio das idéias e dos sentimentos; ela sente prazer por meio das idéias e dos sentimentos, pois, embora possamos estabelecer uma oposição entre idéia e sentimento, quando a alma vê uma coisa ela a sente, e não há coisas tão intelectuais que ela não possa ver ou que acredite não ver e, por conseguinte, que não sinta.

Do Espírito em Geral

O espírito é o gênero do qual são espécies a engenhosidade, o bom senso, o discernimento, o senso de medida, o talento, o gosto.

Ter espírito consiste em ter as faculdades bem constituídas, relativamente às coisas às quais se aplica. Se essa coisa for extremamente particular, seu nome é talento; se está mais ligada a um certo prazer delicado das pessoas comuns, seu nome é gosto; se essa coisa particular é própria de um povo, e como tal única, o talento se diz espírito, como a arte da guerra e da agricultura entre os romanos, a caça entre os selvagens etc.

Da Curiosidade

A alma foi feita para pensar, isto é, perceber; para tanto, essa entidade deve sentir curiosidade pois, como todas as coisas estão numa cadeia na qual cada idéia precede outra e segue-se a uma terceira, não podemos ver uma coisa sem desejar ver uma segunda; e se não sentíssemos desejo por uma coisa, não sentiríamos prazer algum por outra. Assim, quando nos mostram parte de uma pintura queremos ver em seguida a parte ocultada, que nos dará um prazer proporcional àquele que tivemos com a parte vista.

Portanto, é o prazer proporcionado por um objeto que nos conduz a um segundo objeto; é por isso que a alma sempre procura coisas novas, e nunca se cansa de fazê-lo.

Desse modo, sabemos que sempre daremos prazer à alma quando lhe dermos a ver várias coisas, ou mais coisas do que ela esperava ver.

É assim que podemos explicar a razão pela qual sentimos prazer ao ver um jardim bem ordenado tanto quanto sentimos prazer ao ver um lugar tosco e natural: uma única causa está na origem de ambos efeitos.

Como gostamos de ver um grande número de objetos, gostaríamos de ampliar nossa visão, estar em vários lugares, percorrer mais espaços; a alma, enfim, persegue seus limites, e ela gostaria, por assim dizer, de ampliar a esfera de sua presença: por isso é um grande prazer para ela olhar ao longe. Mas, como fazê-lo? Na cidade, nossa visão é limitada pelas casas; no campo, por mil obstáculos: mal podemos ver três ou quatro árvores. A arte vem em nossa ajuda e nos revela a natureza que se oculta de nós; apreciamos a arte e, mesmo, apreciamos mais a arte que a natureza, isto é, a natureza que se furta a nossos olhos; mas quando encontramos belos cenários, quando nossa visão liberta pode enxergar, bem ao longe, campos, riachos, colinas, em arranjos que são, por assim dizer, feitos intencionalmente desse modo, a alma se encanta ainda mais do que ao ver os jardins de Le Nôtre[1]; isso porque a natureza não copia a si mesma, enquanto a arte sempre se parece a si mesma. É por isso que, na pintura, gostamos mais de uma paisagem que do desenho do mais lindo jardim do mundo: a pintura representa a natureza apenas naquilo que ela tem de mais belo, na situação em que a vista pode exercer-se em toda sua amplitude, naquilo que ela tem de mais variado, naquilo em que ela pode ser vista com prazer.

O que suscita em nós uma grande idéia é quando alguém diz uma coisa que nos leva a pensar num grande número de outras coisas ou quando somos levados a descobrir de repente algo que só poderíamos esperar descobrir depois de uma grande leitura.

Florus[2] nos representa em poucas palavras todos os erros de Aníbal: "Ele preferia desfrutar a vitória a servir-se dela": *cum victoria posset uti, frui maluit.*

E nos dá uma idéia de toda a campanha da Macedônia quando diz: "Entrar [na Macedônia] já foi uma vitória": *introisse victoria fuit.*

Oferece-nos todo o espetáculo da vida de Cipião quando diz de sua juventude: "É o Cipião que cresce na destruição da África": *hic erit Scipio, qui in exitium Africae crescit.* E imaginamos ver uma criança que cresce e se ergue como um gigante.

Enfim, ele nos faz ver o grande caráter de Aníbal, a situação do universo e toda a grandeza do povo romano quando diz: “Fugindo da África, Aníbal procurava por todo o universo um inimigo para o povo romano”: *qui, profugus ex Africa, hostem populo romano toto orbe quaerebat*.

Dos Prazeres da Ordem

Não basta mostrar muitas coisas à alma: é preciso fazê-lo numa ordem, pois assim nos lembramos do que vimos e começamos a imaginar o que veremos; a alma assim se felicita por sua amplitude e sua capacidade de penetração. Numa obra onde não exista ordem, a todo instante a alma sente perturbar-se a ordem que ela ali quer introduzir. A seqüência que o autor preparou e aquela que na obra imaginamos confundem-se: desse modo a alma nada retém, nada prevê; sente-se humilhada com a confusão de suas idéias, com a inanidade em que se percebe; fatiga-se em vão e não degusta prazer algum: é por isso que, quando o objetivo não é o de expressar ou mostrar a confusão, sempre se introduz ordem mesmo na confusão. Por isso, os pintores agrupam suas figuras; por isso, os que pintam batalhas põem no primeiro plano de suas telas as coisas que o olho deve distinguir, deixando a confusão para o fundo e o distante.

Dos Prazeres da Variedade

Mas, se é preciso haver ordem nas coisas, é igualmente necessário que exista a variedade; sem a variedade, a alma se abate: as coisas que se parecem lhe surgem como se fossem uma só; e se a parte de uma tela que nos é mostrada fosse igual à outra que já vimos, esse objeto seria novo sem parecê-lo, e não proporcionaria prazer algum. E como a beleza das obras de arte, analogamente à das obras da natureza, está nos prazeres que proporcionam, é preciso capacitá-las, tanto quanto possível, a variar esses prazeres; é preciso mostrar à alma coisas que ela ainda não viu; é preciso que o sentimento que lhe é oferecido seja diferente daquele que ela acabou de experimentar.

As histórias nos agradam pela variedade do que contam; os romances, pela variedade dos prodígios narrados; as peças de teatro, pela variedade das paixões; do mesmo modo, aqueles que sabem instruir modificam, tanto quanto possível, o tom uniforme da instrução.

Uma uniformidade prolongada torna tudo insuportável; a ordem repetida dos períodos, prolongada em excesso, torna-se uma arenga acabrunhante; a mesma métrica e as mesmas tônicas causam tédio num poema longo. Se for verdade que fizeram essa famosa alameda que vai de Moscou a Petersburgo, o viajante deve morrer de tédio encerrado no interior das duas fileiras dessa alameda; e quem viaja durante muito tempo pelos Alpes deles desce desgostoso com as vistas mesmo as mais atraentes e os mirantes mais encantadores.

A alma gosta de variedade; mas se gosta da variedade é porque, como dissemos, foi feita para conhecer e para ver: portanto, é preciso que ela possa ver e que a variedade lhe permita fazê-lo; quer dizer, é preciso que uma coisa seja simples o bastante para ser percebida e variada o suficiente para ser percebida com prazer.

Há coisas que parecem variadas e não o são e outras que parecem uniformes e são muito variadas.

A arquitetura gótica parece muito variada, mas a confusão dos ornamentos cansa pelo tamanho reduzido, o que faz com que não se distingam uns dos outros; a quantidade é tamanha que o olho não pode deter-se em nenhum deles, de modo que essa arquitetura desagrada ali mesmo onde foi pensada para agradar.

Uma construção que pertence à ordem gótica é uma espécie de enigma para o olho que a vê: diante dela, a alma se sente embaraçada tanto quanto diante de um poema obscuro.

A arquitetura grega, pelo contrário, parece uniforme; mas, como ela é feita de tantas partes quanto as necessárias para que a alma veja exatamente o que pode ver sem se cansar, e que são, no entanto, em número suficiente para que a alma por elas se interesse, essa arquitetura apresenta a variedade adequada para ser vista com prazer.

É preciso que as grandes coisas tenham grandes partes; os homens grandes têm braços grandes, as grandes árvores têm grandes galhos e as grandes montanhas compõem-se por outras montanhas que estão acima e abaixo delas: é da natureza das coisas que assim seja.

A arquitetura grega, que tem poucas divisões e divisões que são grandes, imita as grandes coisas;

nela, a alma sente uma certa majestade que reina por toda parte.

É por esse motivo que a pintura divide em grupos de três ou quatro as figuras representadas numa tela; a arte imita a natureza, uma tropa numerosa sempre se divide em pelotões; e é ainda por isso que a pintura divide em grandes massas seus claros e seus escuros.

Dos Prazeres da Simetria

Eu disse que a alma gosta da variedade; no entanto, na maioria das coisas ela gosta de encontrar uma espécie de simetria. Aqui parece haver uma contradição. É assim que a explico:

Uma das principais causas dos prazeres da alma, quando ela vê as coisas, é a facilidade de percebê-los; e a razão pela qual a simetria agrada à alma é que a simetria poupa-lhe esforços, alivia sua tarefa, por assim dizer divide a obra pela metade.

Daí decorre uma regra geral: ali onde a simetria é útil à alma e pode ajudá-la em suas funções, a simetria torna-se agradável; mas onde for inútil, torna-se enfadonha porque elimina a variedade. As coisas que vemos num movimento sucessivo devem ter variedade, pois assim a alma não sente dificuldade alguma em vê-las; pelo contrário, as que percebemos de um golpe de vista devem ter simetria. Como percebemos de um só golpe de vista a fachada de um prédio, um cenário, um templo, tudo isso deve ter simetria, que agrada à alma pela facilidade permitida ao olho de abarcar todo o objeto de uma só vez.

Como um objeto que deve ser visto num só golpe de vista precisa ser simples, ele deve ser único e suas partes devem remeter-se ao todo; esse é outro motivo pelo qual gostamos da simetria: ela compõe um todo.

É da natureza que um todo seja algo completo; e a alma, que vê esse todo, não quer nele encontrar partes imperfeitas. Essa é mais uma razão para apreciar a simetria: o que se exige é uma espécie de ponderação ou equilíbrio: um edifício com uma única ala, ou com uma ala mais curta que a outra, é tão incompleto quanto um corpo com um só braço ou com um braço curto demais.

Dos Contrastes

A alma gosta de simetria, mas também aprecia os contrastes: isso pede explicações. Por exemplo:

Se a natureza exige, dos pintores e escultores, que introduzam a simetria nas partes de suas figuras, ela requer, pelo contrário, que coloquem contrastes nas atitudes. Um pé disposto do mesmo modo que o outro, um membro que se apresente da mesma maneira que outro são insuportáveis; a razão é que essa simetria faz com que as atitudes sejam quase sempre as mesmas, como acontece com as figuras góticas, que nisso se parecem todas. Desse modo a variedade não prevalece nessas produções da arte. Além disso, a natureza não nos fez assim; e como ela nos deu o movimento, ela não nos moldou, em nossas ações e maneiras, como se fôssemos pagodes; se pessoas assim feitas de maneira tão incômoda e tão constrangedora são insuportáveis, o que dizer das produções artísticas que se apresentem de forma análoga?

É preciso portanto introduzir contraste nas atitudes, sobretudo nas obras escultóricas que, por natureza frias, só podem demonstrar um calor interno pela força dos contrastes e da situação.

Mas, assim como dissemos que a variedade que se procurou introduzir no gótico deu-lhe de fato uniformidade, verifica-se com freqüência que a variedade que se procura armar por meio dos contrastes transforma-se em simetria e viciosa uniformidade.

Isso se observa não apenas em certas obras de escultura e pintura mas também no estilo de alguns escritores que, em cada frase, sempre armam um contraste entre o início e o final por meio de contínuas antíteses, como Santo Agostinho e outros autores da baixa latinidade e alguns dos modernos como Saint-Evremond. O ritmo sempre igual e sempre uniforme numa frase desagrada extremamente; esse contraste perpétuo torna-se simetria e essa oposição sempre procurada transforma-se em uniformidade.

O espírito encontra aí tão pouca variedade que quando se vê uma parte da frase, já se adivinha a outra: vêem-se palavras opostas, mas opostas do mesmo modo; vê-se um certo jeito na frase, mas é sempre o mesmo.

Muitos pintores caíram no equívoco de introduzir contrastes por toda parte, sem economizar, de modo que, quando vemos uma figura numa obra dessa espécie, a primeira coisa que fazemos é adivinhar a disposição daquelas que lhe estão ao lado: essa continuada diversidade transforma-se em mesmice. Aliás, a natureza, que dispõe as coisas numa grande confusão, não exibe a afetação de um contraste contínuo — sem mencionar que ela não põe todos os corpos em movimento ao mesmo tempo, e num movimento forçado. A natureza é mais variada que isso; alguns ela deixa em repouso e a outros dá diferentes modos de movimento.

Se a região da alma que *conhece* gosta da variedade, aquela que *sente* também a procura, pois a alma não pode sustentar por muito tempo as mesmas posições uma vez que está ligada a um corpo que igualmente não consegue suportá-las. Para que a alma se estimule, é preciso que os nervos sejam animados por um espírito, e aí acontecem duas coisas: uma lassidão nos nervos, ou uma quietude por parte do espírito que não mais se agita, ou que se dissipa dos locais por onde corria.

Assim é que tudo nos cansa ao cabo de um tempo, sobretudo os grandes prazeres: deixamo-los de lado com a mesma satisfação com que nos entregamos a eles, pois as fibras que foram seus órgãos precisam de repouso: é preciso recorrer a outras mais adequadas a continuar nos servindo e distribuir, por assim dizer, o trabalho.

A alma se cansa de tanto sentir; mas não sentir é cair num aniquilamento que a prostra. A isso se remedia variando as modificações: assim a alma sente e não se cansa.

Dos Prazeres da Surpresa

Essa disposição da alma que a conduz sempre na direção de diferentes objetos faz com que ela aprecie todos os prazeres que advêm da surpresa, sentimento que agrada à alma pelo espetáculo e pela imediatez da ação: a alma percebe ou sente algo que não esperava, ou o percebe e sente de um modo que não previa.

Uma coisa pode nos surpreender por maravilhosa ou nova ou, ainda, por inesperada; nesse caso, o sentimento principal está ligado a um sentimento acessório baseado no fato de ser, essa coisa, nova ou inesperada.

Por isso, atraem-nos os jogos de azar: exibem-nos uma seqüência contínua de eventos inesperados; por isso, agradam-nos os jogos de sociedade: também são uma seqüência de eventos inesperados e cujo fundamento é a habilidade ligada ao acaso.

É também por essa razão que as peças teatrais nos agradam: elas se revelam gradativamente, ocultam os acontecimentos até que se produzam, sempre nos preparam novos motivos de surpresa e freqüentemente nos espicaçam ao mostrá-los de um modo que deveríamos ter previsto.

Enfim, as obras de espírito são normalmente lidas apenas porque preparam surpresas agradáveis, fornecendo uma alternativa à insipidez das conversas indolentes que não produzem aquele mesmo efeito.

A surpresa pode ser produzida pela coisa ou pelo modo de percebê-la, como quando vemos uma coisa maior ou menor do que de fato é, ou diferente do que é, ou quando vemos a coisa em si mesma mas com uma idéia acessória que nos surpreende. É o caso da idéia acessória constituída pela dificuldade de fazer essa coisa, ou uma idéia da pessoa que a fez, do tempo que levou fazendo-a, ou do modo como foi feita ou de outra circunstância qualquer.

Suetônio nos descreve os crimes de Nero com um sangue-frio que nos surpreende, levando-nos quase a crer que não sente horror por aquilo que descreve; mas de repente ele muda de tom e diz: "Tendo o universo suportado esse monstro durante quatorze anos, finalmente o abandonou: *tale monstrum per quattuordecim annos perpessus, terrarum orbis tandem destituit.* Isso produz no espírito diferentes tipos de surpresa; surpreende-nos a mudança de estilo do autor, a descoberta de seus diferentes modos de pensar, seu modo de narrar em tão poucas palavras uma das maiores revoluções que aconteceram: desse modo a alma se depara com um grande número de sentimentos diversos que concorrem para comovê-la e oferecer-lhe um motivo de prazer.

Das Diversas Causas que Podem Produzir um Sentimento

Deve-se ressaltar que habitualmente um sentimento não encontra, na alma, uma causa única. Se posso me atrever a recorrer a essa expressão, é uma certa combinação adequada de coisas que gera a força e a variedade do sentimento. O espírito consiste em saber atingir diversos faculdades ao mesmo tempo; examinando diversos escritores, pode-se perceber que os melhores, e aqueles que mais agradaram, são os que estimularam mais sensações na alma ao mesmo tempo.

Observe-se, sugiro, a multiplicidade das causas. Preferimos ver um jardim bem desenhado a uma confusão de árvores: 1) porque a visão, que em outra situação seria tolhida, não o é; 2) no jardim, cada ala é singular e apresenta-se como uma grande coisa, enquanto na confusão cada árvore é uma coisa porém uma coisa pequena; 3) no jardim vemos um arranjo que não estamos acostumados a ver; 4) sabemos avaliar o trabalho que deu fazer aquilo; 5)admiramos a preocupação de combater incessantemente a natureza que, produzindo coisas que não lhe foram pedidas, procura tudo confundir, algo tão mais verdadeiro quando sabemos que a visão de um jardim descuidado nos é insuportável. Por vezes o que nos agrada é o grau de dificuldade de uma obra, outras vezes é a facilidade; e do mesmo modo como num magnífico jardim admiramos a grandeza e o dispêndio de seu proprietário, por vezes vemos com prazer que alguém teve a arte de nos agradar com poucos gastos e pouco trabalho.

Jogar agrada-nos porque satisfaz nossa avareza, isto é, a esperança de ter mais; e faz bem a nosso senso de vaidade pela idéia da preferência que a sorte demonstra por nós e pela atenção que os outros dedicam a nossa felicidade; satisfaz nossa curiosidade oferecendo-nos um espetáculo; dá-nos, enfim, os diferentes prazeres da surpresa.

A dança nos agrada pela leveza, por uma certa graça, pela beleza e variedade dos gestos, pela relação com a música, servindo a pessoa que dança como um instrumento de acompanhamento; mas a dança agrada acima de tudo por uma certa disposição da mente que traduz de maneira velada a idéia de todos os movimentos em alguns movimentos, a maioria dos gestos em alguns gestos.

Da Sensibilidade

As coisas quase sempre nos agradam e desagradam sob vários aspectos. Por exemplo, os *virtuosi*[3] italianos devem dar-nos pouco prazer:

1) porque não surpreende que, sendo como são, cantem bem; são como um instrumento cuja madeira foi trabalhada pelo artesão de modo a dela extraírem-se os sons corretos; 2) porque as paixões que representam soam falsas; 3) porque não são nem do sexo de que gostamos, nem daquele que admiramos. Por outro lado, podem nos agradar por conservarem durante tanto tempo esse ar de juventude e, também, por terem essa voz flexível que lhes é peculiar. Assim é que cada coisa nos dá um sentimento composto de muitos outros, que por vezes se entrechocam e se enfraquecem mutuamente.

A alma freqüentemente gera ela mesma seus próprios motivos de prazer, o que consegue sobretudo pelas relações que estabelece com as coisas. Assim, uma coisa que nos agradou no passado continua nos agradando pela única razão de um dia nos ter agradado, isto é, por ligarmos a idéia anterior que tínhamos à mais recente: uma atriz que um dia nos agradou no teatro continua a nos agradar na intimidade: sua voz, sua declamação, a lembrança de tê-la admirado, que sei eu, a idéia de uma princesa acrescida à idéia dela mesma, tudo isso constitui um conjunto que forma e produz um prazer.

Somos todos habitados por muitas idéias acessórias. Uma mulher com uma grande reputação mas com um pequeno defeito poderá valorizá-lo e fazê-lo surgir como um encanto. A maioria das mulheres de que gostamos só vêem contar, contra si, a prevenção em relação a sua origem ou seus bens ou, a seu favor, as honrarias e a estima que lhes manifestam algumas pessoas.

Outro Efeito das Relações Entre a Alma e as Coisas

Devemos à vida no campo, típica do ser humano nos tempos antigos, esse ar risonho que se encontra em todas as fábulas; devemos-lhe esses descrições da felicidade, essas aventuras ingênuas, essas divindades graciosas, esse espetáculo de uma condição tão diversa da nossa que a transformamos em objeto de desejo e que não está porém tão distante de nós a ponto de chocar-nos como inverossímil; devemos a isso enfim essa mistura de paixão e tranqüilidade. Nossa imaginação se alegra com a visão de Diana, Pã, Apolo, as ninfas, os bosques, os campos, as fontes. Se os primeiros homens tivessem vivido em cidades como nós, os poetas só nos poderiam ter falado dessas coisas que vemos todos os dias com inquietação ou em relação às quais experimentamos apenas desgosto; tudo recenderia a avareza, ambição e paixões atormentadoras.

Os poetas que nos descrevem a vida no campo nos falam de uma época áurea de que sentem falta, isto é, nos falam de um tempo ainda mais feliz e tranqüilo.

Da Delicadeza

Pessoas delicadas são aquelas que a cada idéia ou gosto acrescentam várias outras idéias ou gostos acessórios. As pessoas grosseiras experimentam apenas uma única sensação; a alma de uma pessoa assim não sabe compor nem decompor, não acrescenta nem tira nada daquilo que a natureza oferece, enquanto as pessoas delicadas no amor compõem para si a maioria dos prazeres do amor. Polixeno e Apício[4] experimentavam à mesa sensações desconhecidas por nós, vulgares comensais; e aqueles que apreciam com gosto as obras do espírito têm uma infinidade de sensações que os demais não conhecem.

Do Não Sei o Quê[5]

Em algumas pessoas ou coisas há por vezes um encanto invisível, uma graça natural indefinida que somos forçados a designar com a expressão *um não sei quê*. Parece-me que esse é um efeito baseado principalmente na surpresa. Sentimo-nos tocados pelo fato de uma pessoa nos agradar mais do que de início parecia poder fazê-lo; e nos surpreendemos agradavelmente com o fato de ela ter sabido superar as falhas que nossos olhos nela viam, coisa que o coração não achava possível: é por isso que muitas vezes as mulheres feias são graciosas, enquanto muitas mulheres belas não o são em nada. É que uma pessoa bela habitualmente faz o contrário do que esperávamos e nos surge como menos amável; depois de nos ter surpreendido positivamente, nos surpreende negativamente; mas a impressão positiva é anterior e a negativa, mais recente. De modo análogo, as pessoas belas raramente provocam grandes paixões, quase sempre reservadas às graciosas, isto é, àquelas com qualidades que não esperávamos encontrar e que nada nos autorizava a esperar. As grandes indumentárias raramente são graciosas e freqüentemente as roupas das camponesas o são. Admiramos a majestade das roupas e panos de Veronese; mas nos emocionamos com a simplicidade de Rafael e a pureza de Correggio. Veronese promete muito e cumpre o que promete; Rafael e Correggio pouco prometem e muito oferecem, e isso nos agrada mais.

A graça encontra-se normalmente mais no espírito que nas feições do rosto; um belo rosto mostra-se de uma vez e quase nada oculta, mas o espírito só se mostra aos poucos, quando bem entende fazê-lo e na medida em que escolhe fazê-lo; pode ocultar-se para depois revelar-se e provocar essa espécie de surpresa que produz a graça.

A graça está menos nos traços do rosto que nos modos, pois os modos estão sempre surgindo do nada e a todo instante podem surpreender; em suma, uma mulher só pode ser bela de uma maneira mas bonita de cem mil outras.

A lei dos dois sexos estabeleceu, nas nações polidas e naquelas selvagens, que os homens solicitam, cabendo às mulheres apenas conceder; daí resulta o fato de que a graça seja algo mais particularmente relacionado às mulheres. Como elas têm tudo a preservar, têm tudo a ocultar; a menor palavra, o menor gesto, tudo aquilo que, sem chocar o senso do dever, nelas se revela e se libera, torna-se gracioso. E tamanha é a sabedoria da natureza que aquilo que nada seria sem a lei do pudor adquire um valor infinito depois dessa feliz lei, que faz a alegria do universo.

Como a falta de jeito e a afetação não nos podem surpreender, a graça não se encontra nem nos modos desajeitados, nem nos modos afetados mas numa certa liberdade ou facilidade situada entre os dois extremos; e a alma se surpreende ao constatar que ambos obstáculos foram evitados.

Poderia parecer que os modos naturais são os mais cômodos, mas isso é o que menos são, pois a educação, que nos incomoda, nos faz perder o sentido do que é natural — e nos encantamos quando vemos o natural retornar.

Nada nos agrada tanto numa roupa do que seu aspecto levemente negligente ou mesmo essa desordem que nos oculta todos esses cuidados que o senso de adequação não exige e que se explicam apenas pela vaidade; e no espírito a graça só existe quando o que é dito parece um achado e não algo que se buscou.

Quando uma pessoa diz coisas que lhe custaram elaborar, ela revela ter espírito mas não um espírito gracioso. Para demonstrar essa graça, a própria pessoa não deve vê-la; assim, os outros, que dela nada poderiam esperar nesse sentido por nela verem algo de ingênuo e simplório, ficarão agradavelmente surpresos ao percebê-la.

Isso significa que a graça não é algo que se adquire; para tê-la, é preciso ser ingênuo. Mas, como é possível cultivar a ingenuidade?

Uma das mais belas ficções de Homero é a do cinto que dava a Vênus a arte de agradar. Nada mais adequado que isso para pôr em evidência essa magia e esse poder da graça, que parece concedida a uma pessoa por um poder invisível e que é algo distinto da própria beleza. Esse cinto só podia ser dado a Vênus. Ele não conviria à beleza majestática de Juno, pois a majestade exige um certo aspecto grave, quer dizer, algo oposto àquilo que a graça tem de ingênuo; tampouco ficaria bem na beleza orgulhosa de Palas, pois o orgulho opõe-se à suavidade da graça e pode aliás ser tomado por afetação.

Progressão da Surpresa

O que torna notável uma beleza é quando uma coisa é tal que a surpresa por ela provocada é de início medíocre mas em seguida se sustenta, aumenta e nos leva à admiração. As obras de Rafael não despertam de início muita atenção: ele imita tão bem a natureza que a princípio a surpresa não é maior do que se estivéssemos diante do próprio objeto representado e que em si não causaria nenhuma surpresa. Mas uma expressão extraordinária, um colorido mais forte, uma cena bizarra num pintor não tão bom nos chama a atenção de imediato por não estarmos acostumados a ver a mesma coisa em outra situação. É possível comparar Rafael a Virgílio e os pintores de Veneza a Lucano. Virgílio, mais natural, de início surpreende menos, para em seguida surpreender mais; Lucano de início surpreende mais, para em seguida surpreender menos.

As proporções exatas da famosa igreja de São Pedro faz com que de início ela não pareça tão grande quanto de fato é, pois a princípio não sabemos em que nos basearmos para avaliar sua grandiosidade. Se ela fosse menos larga, ficaríamos surpresos por sua largura; se fosse menos comprida, nos surpreenderíamos por seu comprimento. Mas, à medida que a analisamos, o olho a vê crescer, e o espanto aumenta. Pode-se compará-la aos Pirineus, onde o olho, que de início pensa poder avaliá-los, descobre outras montanhas atrás da primeira e se perde cada vez mais.

Acontece com freqüência que a alma sinta prazer quando experimenta um sentimento que não consegue compreender e quando vê algo absolutamente diferente do que conhece, o que lhe dá uma sensação de surpresa da qual não se desvencilha. Um exemplo: o domo de São Pedro é imenso; sabe-se que Michelangelo, vendo o Panteão, que era o maior templo de Roma, disse que queria fazer algo igual mas nas alturas. E então fez, com base nesse modelo, o domo de São Pedro; mas fez os pilares tão maciços que esse domo, que é como uma montanha sobre nossas cabeças, parece leve ao olhar. Com isso, a alma fica na dúvida entre o que *vê* e o que sabe que *é* e se surpreende ao ver uma massa ao mesmo tempo tão grande e tão leve.

Das Belezas Resultantes de um Certo Embaraço da Alma

Muitas vezes a alma se surpreende pelo fato de não poder conciliar o que está vendo com o que já viu. Na Itália existe um lago chamado Maior: é um pequeno mar cujas margens mostram apenas um cenário selvagem. A quinze milhas dentro do lago há duas ilhas de um quarto de milha de perímetro, chamadas Borromeus e que, a meu ver, são o lugar mais encantador do mundo. A alma se surpreende com esse contraste romanesco, lembrando-se com prazer das maravilhas dos romances em que, depois de atravessar rochedos e lugares áridos, alguém se descobre num lugar de conto de fadas.

Todos os contrastes nos surpreendem porque as coisas em oposição se revelam mutuamente: assim é que quando um homem baixo está ao lado de um homem alto, o baixo faz parecer o outro ainda maior e o maior faz o outro parecer ainda menor.

Esse tipo de surpresa constitui o prazer que se sente diante de todas as belezas por oposição, todas as antíteses e figuras análogas. Quando Florus diz: "Sora e Álgida, quem diria!, revelaram-se formidáveis, Sátrico e Cornícula eram províncias; envergonhamo-nos dos borilianos e dos verulianos, mas os derrotamos; enfim, Tibur, nosso bairro, Prenesto, onde estão nossas casas de veraneio, eram os objetos dos votos que íamos fazer no Capitólio", o que esse autor faz, eu dizia, é nos mostrar ao mesmo tempo a grandeza de Roma e a pequenez de seus primórdios, e a surpresa surge dos dois lados.

Pode-se observar como é grande a diferença entre as antíteses de idéias e as antíteses de expressão. A antítese na expressão não é oculta, a de idéias o é: uma tem sempre a mesma indumentária, a outra troca de roupa quando bem entende; uma é variada, a outra não.

O mesmo Florus, falando dos samnitas, diz que suas cidades foram tão destruídas que hoje é difícil encontrar uma lembrança de seus vinte e quatro triunfos: *ut non facile appareat materia quatuor et viginti triumphorum.* E com as mesmas palavras que marcam a destruição desse povo ele mostra a grandeza de sua coragem e de sua perseverança.

Quando queremos segurar o riso, ele vem mais forte ainda em virtude do contraste entre a situação em que nos encontramos e aquela que deveria ser a nossa; de modo análogo, quando vemos num rosto um grande defeito, por exemplo um nariz grande demais, acabamos rindo porque vemos que esse contraste entre o nariz e os demais traços do rosto não deveria existir. Portanto, os contrastes são causa de defeitos tanto quanto da beleza. Quando percebemos que não têm razão de ser, quando relevam ou evidenciam um outro defeito, tornam-se grandes instrumentos do feio que, quando se nos revela de repente, pode provocar uma certa desconcentração em nossa alma e nos fazer rir. Quando a alma encara esse fato como uma desgraça para a pessoa que o ostenta, isso pode provocar a piedade; quando o encara com a noção de que é algo que pode nos prejudicar, e com a idéia de comparação com aquilo que costuma nos emocionar e provocar nosso desejo, a alma o vê com um sentimento de aversão.

O mesmo se dá com nossos pensamentos: quando contêm uma oposição que vai contra o bom senso, quando uma oposição é muito comum e fácil de se encontrar, essas oposições não agradam e constituem um defeito por não causar surpresa. Se, pelo contrário, forem muito rebuscadas, tampouco agradam. É preciso que, numa obra, essas oposições sejam sentidas porque ali estão, não porque alguém quis assim mostrá-las — pois nesse caso a única surpresa é a decorrente da tolice do autor em querer causá-la.

Uma das coisas que mais nos agradam é a ingenuidade; mas o ingênuo é também o estilo mais difícil de apreender; a razão para tanto é que se trata de algo que está entre o que é mais elevado e o que há de mais baixo; e está tão perto do que há de mais baixo que é difícil aproximar-se daquele sem cair neste.

Os músicos já reconheceram que a música que com mais facilidade se canta é aquela mais difícil de compor, prova certa de que nosso prazeres, e a arte que os possibilita, se dão entre certos limites.

Diante dos versos tão pomposos de Corneille e daqueles tão naturais de Racine não se percebe que Corneille trabalha com muita facilidade e Racine, com muito labor.

O que está no ponto mais inferior faz o sublime do povo, que gosta de ver uma coisa que tenha sido feita para ele e que está a seu alcance.

As idéias que se apresentam às pessoas bem educadas e de espírito amplo são as ingênuas, as nobres ou as sublimes.

Quando uma coisa nos é mostrada com circunstâncias ou acessórios que a engrandecem, ela nos surge como nobre; isso se percebe sobretudo nas comparações em que o espírito sempre tem algo a ganhar e não a perder, pois elas devem sempre acrescentar alguma coisa, dar a ver a coisa maior ou, quando não se trata de uma questão de grandeza, dar a ver a coisa mais refinada e mais delicada: mas é preciso evitar revelar à alma um relacionamento com esse ponto mais inferior, pois se ela o descobrir, o ocultará de si mesma.

Quando se trata de mostrar coisas refinadas, a alma prefere ver comparações entre um modo e outro, uma ação e outra, a ver comparações entre uma coisa e outra, como um herói comparado a um leão, uma mulher a uma estrela e um homem veloz a um cervo.

Michelangelo é um mestre quando se trata de enobrecer um tema. Em seu famoso *Bacchus*, ele não faz como os pintores de Flandres, que nos mostram uma figura caindo e que, por assim dizer, está no ar. Isso seria indigno da majestade de um deus. Ele o retrata firme sobre as pernas, mas lhe atribui tão bem a alegria da embriaguez e o prazer de ver correr a bebida vertida em sua taça que nada existe de comparável.

Na *Paixão* existente na galeria de Florença[6], ele pintou uma Virgem em pé olhando o filho crucificado, sem dor, sem piedade, sem pesar, sem lágrimas. Michelangelo a pressupõe conhecedora daquele grande mistério, fazendo-a suportar com grandeza o espetáculo da morte.

Não há uma única obra de Michelangelo na qual ele não colocou algo de nobre. Encon-tramos grandeza mesmo em alguns esboços, como nos versos que Virgílio nunca completou.

Jules Romain, em seu salão dos gigantes em Mântua, onde representou Júpiter no ato de fulminá-los, mostra os deuses assustados; mas Juno está perto de Júpiter e lhe mostra, com um aspecto sereno, um gigante contra o qual Júpiter deve atirar um raio e com isso o artista lhe confere um ar de grandeza que os outros deuses não têm: quanto mais perto estão de Júpiter, mais tranqüilos se mostram, e isso é natural pois numa batalha não existe medo perto de quem está em vantagem[7]...

Das Regras[8]

Todas as obras de arte têm regras gerais, que são guias a nunca perder de vista. Mas assim como as leis são sempre justas em seu caráter geral porém quase sempre injustas em sua aplicação, também as regras, sempre verdadeiras em teoria, podem revelar-se falsas na hipótese real. Os pintores e escultores estabeleceram as proporções que o corpo humano deve ter e tomaram por medida comum o comprimento do rosto. Mas a todo instante eles têm de violar essas proporções em virtude das diferentes atitudes nas quais têm de mostrar os corpos humanos; por exemplo, um braço estendido é bem mais comprido do que outro recolhido. Ninguém entendeu mais de arte do que Michelangelo; e ninguém tomou tantas liberdades com a arte quanto ele. Em poucas de suas obras de arquitetura as proporções foram observadas de maneira exata; mas, com um conhecimento preciso de tudo que pode dar prazer, Michelangelo parecia ter uma arte especial para cada obra.

Embora cada efeito dependa de uma causa geral, a esta vêm juntar-se tantas outras causas particulares que cada efeito tem, de certo modo, uma causa peculiar; pode-se dizer que a arte fornece as regras e o gosto, as exceções; o gosto nos diz quando a arte deve governar e quando deve ser governada.

Prazer Baseado na Razão

Eu já disse várias vezes que aquilo que nos dá prazer deve estar baseado na razão. E aquele que assim não estiver, sob certos aspectos, mas, sob outros, mesmo assim produzir seu efeito, deve afastar-se dessa regra o menos possível.

E sei como a tolice do artífice, quando perceptível, faz com que não aceitemos sua obra, pois nas obras de gosto deve estar implícita, para que agradem, uma certa confiança no autor, confiança que se perde quando percebemos , desde logo, que ele peca contra o bom senso.

Assim foi que quando estive em Pisa[9] não senti prazer algum ao ver o rio Arno pintado no céu com a urna da qual brotam suas águas. Não senti prazer algum em Gênova[10] quando vi pinturas de santos no céu sendo submetidos a martírios. São coisas tão grosseiras que não se pode nem olhar para elas.

Quando se ouve no segundo ato de *Tieste*, de Sêneca, os velhos de Argos — que como cidadãos romanos da época de Sêneca falam dos Parthos e dos Quiritos e fazem uma distinção entre os senadores e os plebeus — desprezando o trigo da Líbia, os sarmatas que fecham o mar Cáspio e os reis que subjugaram os habitantes da Dácia, tamanha ignorância faz rir em meio a assunto tão sério. É como se, no teatro de Londres, se pusesse em cena um Marius dizendo que, se tiver os favores da Câmara baixa, não temerá a inimizade dos Pares; ou dizendo que prefere a virtude a tudo aquilo que as grandes famílias de Roma possam mandar vir de Potosi[11].

Quando uma coisa se mostra, sob certos aspectos, contra a razão, e quando, agradando-nos mesmo assim por outros motivos, o costume ou o próprio interesse de nossos prazeres faz com que a vejamos como algo razoável, como ocorre com nossas óperas, é preciso mesmo assim que ela se afaste da razão o menos possível. Na Itália eu não podia suportar a visão de Catão e César cantando pequenas árias no palco; os italianos, que extraíram da história os temas de suas óperas, nisso mostraram menos gosto do que nós, que os extraímos das fábulas ou dos romances. Por recorrer ao maravilhoso, o inconveniente do canto diminui porque o extraordinário parece expressar-se melhor de um modo mais distante do natural; aliás, parece pacífico que o canto pode extrair da graciosidade e do comércio dos deuses uma força que as palavras não têm; nisso ele se mostra como algo mais razoável, e fizemos bem de assim utilizá-lo.

Da Melhor Situação[12]

Na maioria dos jogos de diversão, a fonte mais comum de nosso prazer está no fato de vermos alguém, em virtude de pequenos acidentes, numa situação embaraçosa da qual estamos livres, como quando uma pessoa cai ou não consegue se safar, ou não pode prosseguir;[...] de igual modo, nas comédias sentimos prazer ao ver alguém numa situação equívoca na qual nós mesmos não estamos.[13]

Quando vemos alguém cair, nos damos conta de que essa pessoa leva um susto maior que o necessário, e isso nos diverte; da mesma maneira, nas comédias sentimos prazer ao ver uma pessoa mais embaraçada do que deveria. Ver um homem sério fazer uma coisa ridícula, ou numa situação que sabemos não convir a sua seriedade, nos diverte: também, nas comédias, quando um velho é enganado sentimos prazer em ver que sua prudência e sua experiência se deixaram subjugar pelo amor que sente ou por sua avareza.

[Quando uma pessoa estabanada leva um tombo, ela nos diverte porque se encontra numa situação em que pode se dar conta de sua falta de jeito; de igual modo, nas comédias, quando um jovem faz uma loucura ele nos alegra porque vemos que só pode culpar a si mesmo por isso.[14]]

Quando uma criança leva um tombo, em lugar de rir ficamos com pena porque não é culpa dela mas de sua falta de autocontrole; quando um jovem, cego de paixão, comete a loucura de casar-se com alguém a quem ama e é punido pelo pai, ficamos tristes com esse castigo e ao vê-lo infeliz por ter seguido sua inclinação natural e se dobrado à fraqueza da condição humana.

Enfim, assim como quando uma mulher cai todas as circunstâncias que podem aumentar seu embaraço são as mesmas que aumentam nosso prazer, do mesmo modo, nas comédias, nos divertirmos com tudo aquilo que pode aumentar o embaraço de algumas personagens.

E todos os prazeres se baseiam ou em nossa malícia natural ou na aversão que sentimos por certas personagens em virtude do interesse que sentimos por outras. E a grande arte da comédia consiste em equilibrar bem a afeição e a aversão de modo a não nos desmentirmos em nossas sensações do início ao fim da peça e não sentirmos remorso ou nos lamentarmos por termos amado ou odiado o que vimos. É que só podemos suportar que uma personagem odiosa se mostre favoravelmente a nossos olhos quando nela mesma existir uma razão para isso e quando se tratar de um grande gesto que nos surpreenda e sirva ao desenlace da peça.

Prazer Causado pelos Jogos, Quedas, Contrastes

Em certos jogos de cartas, sentimos prazer em adivinhar o que não sabemos a partir daquilo que estamos vendo, e a beleza desses jogos consiste em que parecem nos revelar tudo quando nos escondem muito, o que espicaça nossa curiosidade. Do mesmo modo, nas peças teatrais a alma tem sua curiosidade espicaçada pelo fato de que alguma coisa lhe é revelada enquanto outras lhe são ocultadas; a alma se surpreende porque pensava que as coisas que lhe são ocultadas aconteceriam de um certo modo quando na verdade acontecem de outro e porque, por assim dizer, ela fez falsas previsões a partir do que estava vendo.

A beleza do jogo do *hombre*[15] consiste num certo suspense, mesclado de curiosidade, provocado por três diferentes situações que podem ocorrer e que têm por conseqüência a possibilidade de vencer-se a partida, empatá-la ou vencê-la sem jogar, o que faz com que estejamos sempre num estado de suspense e na constante obrigação de mudar o jogo. De igual modo, nas peças teatrais o suspense é tanto e nos sentimos tão inseguros que não sabemos o que acontecerá; e tamanho é o poder de nossa imaginação que, quando se trata de uma bela peça, mesmo vendo-a mil vezes, esse suspense e nossa ignorância quanto ao desenlace permanecem os mesmos: isso porque nos sentimos tão tocados pelo que estamos ouvindo que só escutamos o que nos estão dizendo *naquele momento*, razão pela qual aquilo que já sabemos, e do que poderíamos nos lembrar, não nos causa nenhuma impressão.

Notas

[1] Paisagista francês (1613-1700), autor, entre outros, do projeto do parque de Versailles e do jardim das Tuilleries, no Louvre.

[2] Historiador latino do século 1 d.C.

[3] Castrati.

[4] Nomes ligados à gastronomia. Na antigüidade há mais de um Apício relacionado aos prazeres da mesa.

[5] Em francês, *je ne sais quoi*. Esta expressão surge no século 17 e é logo amplamente utilizada, em textos de ficção (como em Balzac; ver, por exemplo, *A obra-prima ignorada*, São Paulo, Comunique Editorial,2003) tanto quanto em ensaios filosóficos como este.

[6] Galleria degli Uffizi.

[7] *O gosto* previsto para a *Encyclopédie* terminava neste ponto. Naquela publicação lê-se: "O fragmento termina aqui. A glória de Montesquieu, lastreada em obras de gênio, sem dúvida não exigia que se publicassem estes fragmentos que ele nos deixou; mas, eles serão um testemunho eterno do interesse que os grandes da nação demonstraram por esta obra; e nos séculos futuros se dirá: Voltaire e Montesquieu também participaram da *Enciclopédia*".

[8] Os dois últimos fragmentos do *Gosto* que se seguem foram publicados tardiamente. Este apareceu pela primeira vez nas *Oeuvres posthumes de Montesquieu* em 1798. Os três seguintes (*Prazer baseado na razão, Da melhor situação* e *Prazer causado pelos jogos, quedas, contrastes*) foram publicados pela primeira vez em 1804 pelo Barão Walckenaer nos *Annales littéraires de l'Europe*. Estes três fragmentos do *Ensaio*, mais o *Das regras*, teriam sido salvos do fogo por Jean-Baptiste de Secondat, secretário do filho de Montesquieu, quando este decidiu queimar, no final de 1793, "vários papéis e manuscritos de seu pai por temor de que neles se pudessem descobrir pretextos para inquietar a família" naquela fase pós-1789 em que os revolucionários viam inimigos por toda parte e tratavam de assegurar o que as revoluções sempre buscam: silenciar as vozes discordantes ou que assim possam parecer. (Cf. o posfácio de Louis Desgraves a uma edição de *O Gosto* publicada em 1993 por Payot & Rivages.)

[9] Montesquieu chegou a Pisa em 24 de novembro de 1728...

[10] ... e a Gênova em 9 de novembro do mesmo ano.

[11] Referência à conhecida cidade e região do Peru de onde muita prata foi levada para a Europa.

[12] Os dois fragmentos seguintes encontram-se na Biblioteca Nacional de Paris.

[13] No manuscrito está anotado, com a letra de Montesquieu: "Pular este parágrafo".

[14] Nos tratados clássicos de estética, a comédia é apresentada como um caso de Harmonia perdida, a diferenciar-se daquelas obras nas quais a Harmonia é construída e possuída, como um templo bem-sucedido (o Belo).

[15] Jogo de cartas de origem espanhola.

Posfácio
Esboços do prazer (Ensaiando imperfeições)

Teixeira Coelho

O GOSTO, DIANTE DA ÉTICA E DA RAZÃO

Dos três modos alternativos de relacionamento do pensamento ou da consciência com a vida e o mundo — e que podem ser simultâneos ou de algum modo consecutivos embora quase nunca o sejam — o do gosto parece à primeira vista o mais incerto, o mais repleto de armadilhas e becos sem saída, a obrigar que sempre se retorne ao ponto de partida para em seguida refazer a viagem que permite apreendê-lo, compreendê-lo. Os outros dois, o da ética e o da lógica ou razão, perto desse primeiro parecem, quase, exercícios escolares. Há, agora, uma grande convergência de entendimento sobre as origens, procedimentos, modos e necessidades da ética, embora ela ainda tenha de defrontar-se, em embates tão desgastantes quanto necessários, com sua irmã simplória, a moral. E de modo análogo, o campo da lógica ou razão parece terreno mapeado depois dos acontecimentos, gloriosos alguns, outros definitivamente indignos, desencadeados na segunda metade do século 18. Pode-se discutir sobre as ocasiões e a natureza do sono e do pesadelo da razão[1] e suas conseqüências e é possível hoje eleger entre diferentes modos de lógica, de uma maneira impensável à época deste ensaio de Montesquieu. Outra vez, porém, nada que se compare à flutuação, instabilidade e incerteza reinantes no domínio do gosto, pertencente por afinidade, de início, ao campo das emoções, das sensações, dos instintos e das intuições — campo que, na segunda metade do século 18, passou a ser conhecido como o da estética. A rigor, o gosto é hoje uma idéia e uma palavra quase soberbamente banidas do discurso erudito e toleradas apenas na esfera popular ou informal; como conceito digno de uma atenção específica, prevaleceu ao tempo em que a filosofia ainda falava diretamente às pessoas, a todo mundo, até às pessoas comuns, às *gens du monde*, como escreve Montesquieu: ao tempo em que a filosofia lidava

[1] Goya fez a gravura *O sono da razão produz monstros* entre 1797 e 1799, pouco mais de 40 anos depois de *O Gosto* de Montesquieu e escassos 10 anos após a Revolução Francesa, num momento em que o artista não alimentava mais nenhuma esperança na capacidade da sociedade, se não do indivíduo, para superar as adversidades.

com as coisas centrais da vida e do mundo por meio de palavras que eram as palavras da vida e do mundo. Já se escreveu suficientemente sobre a pós-história da filosofia, esse momento em que ela passou a ser um discurso de especialistas e para especialistas, e sobre tópicos especializados a respeito dos quais se discorre com as palavras dos iniciados. É nesse instante que as questões do *gosto* principiam a ser substituídas, de maneira sempre mais insistente, pelas questões de estética, palavra que surge no mesmo quadro histórico — Baumgarten a repropõe em 1753 — em que Montesquieu ainda escrevia este ensaio, entre 1753 e 1755 (sem nele mencionar uma só vez essa "nova" palavra). Talvez seja por isso que, se a *Encyclopédie* dos iluministas aceitou dedicar um verbete ao gosto e concedê-lo a Montesquieu, uma enciclopédia contemporânea, uma enciclopédia dos tempos da informação eletrônica, da Internet e do CD-Rom, como a *Encarta*, nada tem a dizer sobre o gosto, que só aparece como palavra embutida no verbete "Estética" e ainda assim de todo submersa por uma enorme arquitetura filosófica que o ignora amplamente para tratar daquilo que julga

LUGAR DO GOSTO,
NAS ENCICLOPÉDIAS

"importante": os conceitos filosóficos e artísticos especializados. Para a *Encarta*, o gosto, em si, só existe na forma de um dos cinco sentidos, aquele vinculado à boca, à língua e às papilas... Positivismo maior, impossível. E tanto no verbete "Estética" quanto nesse "Gosto" fisiológico e anatômico não sobra espaço algum para o que era vital ao tempo de Montesquieu e que vital continua para os que não se deixaram cegar pelo pensamento excedentário: o prazer. O prazer e a felicidade, coisas com as quais o leitor de hoje supostamente não *tem de* ou *não pode* se preocupar, nos domínios da arte e da mesa como em tantos outros. Provavelmente porque no homem contemporâneo inculcou-se algum (hoje) talvez incontornável *sentimento de culpa*, aquele de que fala Freud em *Mal-estar da civilização* — o que se fez tanto por meio da religião persistente como de uma ideologia do trabalho, do sacrifício, da *luta*, da *resistência*, ainda forte o suficiente para emergir nos diversos formatos do *politicamente correto*. Uma culpa que não abre espaço nem para o prazer, nem para a felicidade, expurgados da prática e dos discursos políticos, acadêmicos e, mesmo, de muitos discursos artísticos (embora não da vida comum das pessoas comuns) em favor do *conhecimento*, da *moral* e do *bem-estar* ou daquilo que hoje o substitui, a *qualidade de vida* (que, claro, inexiste) ou, ainda, em favor do *interesse social* e *coletivo* (ou do *social* simplesmente, como hoje canhestramente se diz), entes aos quais se recusa a condição de sujeitos e objetos do prazer e da felicidade ou que nunca poderão inclui-los, quase por definição. O prazer e a felicidade ainda se mostram, aos olhos dessa religião (em todas as formas da religião) e dessa ideologia, como demasiado individuais, inúteis e sem finalidade, portanto ainda sem direito de cidadania...

A BATALHA PELO GOSTO

O campo do gosto, seja como for, é um campo ainda fotografado de forma imprecisa, para não dizer impressionista, e nele ainda se combate energicamente, por vezes com os instrumentos incertos porém flexíveis da emoção e do sentimento, outras com aqueles aparentemente precisos mas duros da razão. Combate-se nos campos da ética e da moral também, por certo (a luta é mais abafada no domínio da razão, porém não menos sensível). Mas, em nome do gosto sem dúvida se combateu muito, enormemente. Foi assim na época áurea do realismo-socialista na ex-URSS e na Alemanha nazista e durante o Estado Novo de Getúlio Vargas, tanto quanto ao longo da mais recente ditadura militar que dominou o Brasil entre 1964 e 1984 e de várias outras ditaduras em tantos outros lugares do mundo. Antes como *agora*, primeiros anos do século 21. A expressão mais simples e simplista desse combate é a da oposição entre *mau gosto* e *bom gosto*, plena de significados não apenas estéticos como ideológicos. E a mais aparentemente arquitetada, embora nem por isso menos simplória, é aquela que vincula a questão do gosto a tópicos como as *raízes culturais*, ao *nacionalismo* e à *identidade*, motivos de enfrentamentos por vezes nada metaforicamente sangrentos.

No entanto, o *Gosto* de Montesquieu quase não encontra lugar na *Encyclopédie* do Iluminismo (que hoje já começa, este também, e tanta outra coisa ou, necessariamente, tudo, a ser objeto de forte revisão histórica, como se vê encenado no filme de Eric Rohmer *A inglesa e o duque*, de 2001, no qual os partidários da revolução francesa são apresentados como pouco mais do que fanáticos alucinados, quando não marionetes de débil vontade). Diderot e D'Alembert, os mentores do *grande livro total*, senão final, não pareciam de início muito interessados num tópico tido certamente como menor. Aliás, não é improvável que Montesquieu tivesse em mente ambos pensadores, ou ambos *também*, quando escreve, neste ensaio, que "a única felicidade que certos filósofos conseguem compreender" é aquela ligada "às coisas do intelecto", neles não sobrando espaço para outra coisa. D'Alembert pediu a Montesquieu que escrevesse, para a *Enclycopédie*, sobre dois temas que eram, à época, chavões, dois temas obrigatórios, dois temas *politicamente corretos*: *Democracia* e *Despotismo*. Montesquieu, porém, julgava já ter escrito o suficiente sobre ambos em obras anteriores, sobretudo em *O espírito das leis* e nas *Cartas persas*. Nada mais de novo dizia poder acrescentar a ambos temas (no fundo, um só) e não pensava emendar-se daquilo que havia dito. Melhor assim: não escreveria sob encomenda, ainda que fazê-lo significasse "pôr os pés" naquele "belo palácio" que prometia ser a *Encyclopédie* e que ele sentia alguma curiosidade por conhecer de perto. Sugere então que o deixem pensar um pouco no que poderia escrever, coisa que faria de preferência "com um cálice de marrasquino" no salão de Madame du Deffand (1697-1780), refinada amiga que recebia em saraus os grandes espíritos da época. Um apropriado ponto de partida para um texto sobre o gosto, sem dúvida... Mas a menção ao futuro encontro com a refinada bebida no literário salão foi feita por Montesquieu, quando sua decisão já estava na verdade tomada, tanto que em seguida, na mesma resposta a D'Alembert, observa que, sim, poderia escrever para a *Enclycopédie* mas... sobre o *Gosto*. E foi assim pela sugestão de Montesquieu, forçando um pouco as portas daquele *belo edifício da razão*, que seu *Gosto*, mesmo "imperfeito", penetrou no grande livro.

A resposta de Montesquieu a D'Alembert traz marcado o ano de 1753, mesma data de nascimento ou renascimento moderno da palavra "estética". Dois anos depois, porém, Montesquieu morria, deixando o *Gosto* inacabado. E é inacabado que o ensaio aparece na *Encyclopédie*, tomo VII, em 1757: os editores do *grande livro* fazem-lhe desse modo uma homenagem, sublinhando a "imperfeição" do texto porém ressaltando que vinha das mãos de um grande mestre e merecia ser preservado como se preservam os esboços preliminares dos grandes artistas. Na edição de 1798 das *Obras póstumas* de Montesquieu, o *Gosto* é reproduzido com o acréscimo de seus quatro últimos fragmentos, incluídos neste volume, agora sob o título *Reflexões sobre as causas do prazer em nós suscitado pelas Obras do Espírito e pelas produções das Belas Artes* — e aqui, apesar da incerteza quanto ao real ou final desejo do autor com relação ao que viria a escrever, ficava patente a relação estreita entre o gosto e o prazer, este talvez, de fato, desde o início, o tópico central do assunto que Montesquieu queria abordar.

"IMPERFEITO"

Na apresentação do verbete, os editores da *Encyclopédie* diziam, então, que o texto fora encontrado "imperfeito", isto é, inacabado, entre os papéis do escritor. "Imperfeito" ele parece soar ainda hoje: por vezes repetitivo, outras tantas como se faltasse uma ligação lógica entre um fragmento e outro, entre um parágrafo e outro. "Imperfeito", ainda, porque Montesquieu começou tarde na vida a pensar a sério naquilo que, quando o fez, pareceu-lhe uma das coisas na verdade mais importantes: a arte. Talvez ele estivesse de fato pensando em D'Alembert e Diderot quando falou dos filósofos que só conseguem sentir prazer com as coisas do intelecto puro. Mas *poderia* estar pensando inclusive, se não apenas, *em si mesmo*, em sua vida anterior à descoberta da importância do gosto e do prazer dos sentidos. Viajando pela Itália entre 1728 e 1729, entregando-se às belezas de Florença e Roma e fazendo anotações que depois usaria no *Gosto*, Montesquieu reconhece: "Censuro-me a mim mesmo por ter-me recusado, até a idade de 35 anos, o prazer que é ver uma bela pintura e uma bela fachada." E acrescenta que voltará a Paris para rever a cidade, vê-la com novos olhos, pois ainda não a tinha realmente visto... Como observa Louis Desgraves[2], o autor do *Gosto* vivera em Bordeaux, antes de suas viagens pela Europa, sem se dar conta das obras de renovação urbanística pelas quais passava a capital da França, assim como sem dúvida se comportara impassivelmente diante

[2] Em posfácio a uma edição do *Ensaio* publicado pela Rivages, Paris, 1993.

de tantas outras coisas da arte que pudera ter visto até então. Datam dos anos ao redor de sua ida para a Itália e Áustria suas primeiras anotações sobre o gosto, que deixará "imperfeitas" ao morrer, um quarto de século mais tarde. Na verdade, não haveria como *aperfeiçoar* seu ensaio: quanto mais vivesse, mais teria a dizer sobre o tema, talvez ao contrário do que poderia ocorrer com a Democracia e o Despotismo. A dizer e a rever, emendar, corrigir.

O Gosto parece simples, parece conter idéias simples, talvez demasiado simples. Pelo menos assim parece ao leitor de hoje que agora conhece bem, por exemplo, as leis da simetria e seu papel na arte, e àquele leitor, acaso mais raro, que estudou a teoria da informação. Mas nessa simplicidade há coisas centrais sobre a idéia de gosto. Por exemplo, a idéia de que gosto, em sentido abrangente, é a faculdade de *discernir* características ou qualidades de objetos e fenômenos, outro modo de dizer que a capacidade de ter gosto é a possibilidade de analisar, dividir um objeto em suas partes componentes — ou de sinteticamente, num grande bloco conceitual, em operação exatamente contrária à da análise, intuir ou perceber a composição precisa de um objeto. Mais especificamente, gosto é a "vantagem de descobrir com sutileza e presteza a medida do prazer que cada coisa deve dar aos homens". Aí aparecem as noções centrais: o prazer, a sutileza e a presteza. Descobrir com rapidez e sutileza o prazer e, mais, a *medida do prazer* que cada coisa deve dar ou *pode* dar ao homem. Extrai-se daí outra noção sobre o prazer, pelo menos sobre algum tipo de prazer, acaso o mais sutil, por Montesquieu não explicitada: a noção do prazer como algo que ocorre ou que ocupa um curto intervalo de tempo, que se revela num breve instante, algo extremamente efêmero e fugidio, a tal ponto que para dar-se conta dele é preciso ser muito rápido, além de refinado. E Montesquieu dará no *Gosto*, ainda, uma "definição mais geral" do gosto como aquilo que, independentemente de ser bom ou mau, correto ou não, liga as pessoas a uma coisa pelo sentimento — definição que não impede a vinculação do gosto às "coisas intelectuais", cujo conhecimento dá prazer ao espírito.

Em Montesquieu, o gosto, quer dizer, a *capacidade de ter gosto*, de ter *um gosto*, aparece então ligado diretamente ao prazer e, num sentido mais amplo, à felicidade. Prazer do intelecto tanto quanto prazer dos sentidos, do qual o primeiro parece ser, para o autor e por vezes, a culminação, a realização plena — e às vezes, não... Mas a "imperfeição" do texto não é tanta assim: ele ressalta que a *felicidade* não estaria exatamente *no prazer* mas na *capacidade de receber* o prazer, abrindo espaço para uma associação entre a *possibilidade* do prazer e a *situação* de um determinado receptor ou espectador. O prazer, para Montesquieu, é algo que se obtém mais quando *achado* do que quando *procurado*. Não existiria, assim, um programa para a busca do prazer e da felicidade: o que fornece um e outro é o acaso, o inesperado, aquilo que surge quando menos se espera, quando se está fazendo uma outra coisa, quando a atenção e a intenção estão voltadas para outros objetivos. No máximo se poderia dizer que surge quando menos se espera *contanto que se esteja preparado para esperá-lo...* Uma proposição de implicações análogas pode ser encontrada em Wittgenstein, numa evidência de que a "imperfeição" do *Gosto* não pôde e não pode ser tão fácil ou obrigatoriamente corrigida assim nos séculos que se seguiram. Num de seus aforismos[3], Wittgenstein escreve — sem qualquer referência a uma eventual leitura de Montesquieu, o que pode ou não ter ocorrido — que o gosto é a refinação da sensibilidade mas que a sensibilidade nada faz, *é meramente* receptiva. A conseqüência imediata desta observação é que, como vem em outro aforismo seu, mesmo o gosto mais refinado *nada* tem a ver com a criatividade, com o poder de criação — o que muita filosofia da educação e muita política cultural não percebem.

Se não há um programa claro para a obtenção do prazer e da felicidade — portanto, um programa para a alimentação e a satisfação do gosto — existem pelo menos pistas capazes de levar a esse estado ou condição. Em seu *O Gosto*, Montesquieu constata que é o prazer proporcionado por um objeto aquilo que leva as pessoas *a um outro objeto*, sendo essa a razão pela qual o espírito procura sempre "coisas

[3] WIITGENSTEIN, Lwdwig. *Culture and value*, G.H. von Wright (ed.). Chicago, The University of Chicago Press, s.d.

novas", não se cansando e não desistindo nunca dessa procura. Neste caso, uma das molas para o exercício do gosto e a obtenção do prazer estaria na multiplicação das "coisas a ver". *Dar a ver*, dar a ver *mais do que se poderia esperar*, dar a ver *outra coisa*, e outra coisa *que não se espera*: essa seria, nesta ótica, a meta de um programa artístico, de uma filosofia da educação, de uma política cultural. A procura do novo, paradigma do Iluminismo transformado em pedra de toque da Modernidade, tem sido contestada na contemporaneidade em sua condição de valor cultural. Escrevendo no final dos anos 40 no século 20, o marxista Arnold Hauser criticou acerbamente, em sua *História social da literatura e da arte*, publicada em 1951, a obsessão com o novo manifestada agudamente nas propostas artísticas a partir do Impressionismo. Os movimentos filosóficos e estéticos pós-modernos, curiosamente — curiosamente porque os críticos de inspiração marxista costumam ser os mais acerbos contestadores da idéia de uma pós-modernidade — *também* abriram fogo contra a idéia do novo como motor e objetivo do gosto, portanto do prazer. Uma coincidência entre opostos, de resto nada incomum na estética como na política, como estamos cansados de ver e rever...

AMPLIAR A ESFERA DE PRESENÇA DO SER

Para Montesquieu, de todo modo, a questão é clara: trata-se de "ver um grande número de objetos, ampliar a visão, estar em vários lugares, percorrer mais espaços". Em outras palavras, o que está em jogo é *ampliar a esfera de presença do ser* (da alma ou do espírito, nas palavras de Montesquieu escrevendo no século 18) — e este poderia ser o modo sintético de expressar o *maior compromisso* que podemos ter conosco mesmos, bem como a meta de toda arte, toda educação, toda política cultural. Esta a razão pela qual as viagens oferecem tantos pretextos para o prazer. E quando viajar não é possível, quando obstáculos se interpõem entre as coisas a ver e os sentidos e sentimentos — na cidade, os prédios bloqueiam a visão quando não são seu objeto; no campo, tudo pode ser indistinto, invisível; nas relações humanas, o trabalho e tanta coisa podem obscurecer os sentimentos — a arte surge como mediação privilegiada.

Ter muito a ver, mostrar simplesmente muitas coisas, pode no entanto *não bastar* para provocar o gosto e fornecer prazer. Para Montesquieu, seria imperioso mostrar essas coisas todas, todas essas coisas novas, *numa ordem*. Políticas culturais inteiras se justificam com essa idéia da ordenação: mostrar não basta, imprescindível pôr ordem, ensinar a ver, educar para ver. Esta educação dos sentidos ou educação do gosto (na expressão de Karl Marx, "educação dos cinco sentidos, trabalho de toda a história universal até agora") configura uma das orientações da política cultural na verdade mais discutíveis. Suas implicações são claras e podem ser em boa parte resumidas na observação de um educador norte-americano contemporâneo, Robert Saunders[4], para quem a história da arte talvez seja a única disciplina humanística que é pensada e conhecida mais pelo modo como tem sido ensinada (ordenada) do que por suas proposições específicas, por seu conteúdo próprio — o que suscita a possibilidade de que a própria arte seja hoje conhecida mais pelo modo *como* é ensinada ou

[4] SAUNDERS, Robert. *Art history is a fiction.* Long Island, 1988, mimeo.

ordenada do que por aquilo em que se constitui e que oferece. Como o *Gosto* ficou inacabado, não se tem o desenho completo dos "prazeres da ordem", se é que o estudo se completaria nesse item; em todo caso, Montesquieu insiste que a confusão, a desordem, a falta de ordem são obstáculos que o espírito não consegue vencer na busca do prazer e no exercício do gosto. E mesmo *ver* simplesmente, embora com ordem, pode não bastar sob um segundo aspecto: no esquema de Montesquieu, melhor seria talvez que essa *visão* fosse tal que permitisse ver as *coisas em seu conjunto*, promovendo com isso a reforma da atenção demasiadamente vinculada ao detalhe, ao mais próximo, ao imediato, própria da vida cotidiana. Este será o sentido da justificativa dada por Montesquieu para a preferência das pessoas pela simetria: "ela constitui um conjunto". Assim, numa passagem de seu *Diário de viagem*, o autor anotou que "quando chego a uma cidade, subo sempre ao campanário ou à torre mais alta para ver o conjunto". Também a obra de arte permitiria *ver* não apenas o que *não é possível ver diretamente* como possibilitaria ver, entrever, *o conjunto*. (Ponto de vista claramente passível de discussão, e que põe à mostra o atoleiro em que pode se transformar a discussão do gosto. De fato, Fernando Pessoa, sob o heterônimo de Alberto Caeiro, escreve que a natureza é "partes sem todo". Essa sua proposição refere-se ao campo do que é considerado como o oposto da cultura, portanto da arte, mas a partir dela seria possível propor igualmente que também a arte não teria todo algum a perseguir e mostrar ou que ela pode em todo caso dispensar esse propósito...)

Outra questão central implícita no texto de Montesquieu: o que é necessário para "ter gosto"? Gosto se adquire, o gosto pode ser alterado, o gosto pode alterar alguma coisa, alterar o ser, o modo de ser? Para Montesquieu, é preciso distinguir entre o gosto natural e o gosto adquirido. O gosto natural é uma aplicação imediata e requintada de regras que não são conhecidas. Não implica nenhuma teoria ou conhecimento. Não é necessário *saber* que o prazer dado por uma certa coisa considerada *bela* vem da surpresa, para ele um componente indispensável do prazer e portanto do gosto: basta que essa coisa surpreenda — e que surpreenda "tanto quando deve, nem mais nem menos". E ao lado do gosto natural, um gosto adquirido pode ser desenvolvido através do exercício da multiplicação da visão e do conhecimento. O gosto adquirido afeta, altera, aumenta e diminui o gosto natural, e o contrário é também verdadeiro. Wittgenstein, novamente, fez observações que seguem as trilhas abertas por Montesquieu: a faculdade do gosto não pode *criar* uma nova estrutura, só pode promover ajustes em estruturas já existentes. Como diz o filósofo austríaco, o gosto aperta e solta os parafusos mas não constrói um *novo equipamento*: "dar à luz" não é sua função. Muita discussão sobre a função da arte, nos momentos em que dela se quer cobrar uma utilidade específica, sobretudo uma utilidade educacional e social política e ideologicamente orientada, bem como muita política cultural, desconhecem o *caráter ajustativo* do gosto. Com isso, muitos programas que buscam a criação de novas estruturas, de novas sensibilidades e do "novo homem", movidos por claro voluntarismo cultural, político ou ideológico, embarcam em aventuras equívocas e, não raro, trágicas. A função do gosto, para Wittgenstein, é tornar as coisas *aceitáveis*, nada mais do que isso.

Esta é a razão pela qual Wittgenstein coloca de um lado o gosto e, de outro, a criatividade. E, ainda, o motivo pelo qual acreditou que o grande criador *não precisa ter gosto*: seu produto vem ao mundo já formado, independentemente de seu gosto ou do gosto de outros...

É possível a alguém saber se tem gosto, é possível a alguém concluir que, após um período de iniciação ou de exercício, conquistou um gosto? Wittgenstein acha que sim. Aquilo *que se tem* é passível de propor-se como objeto da consciência. Já *aquilo que se é*, não. Posso saber que *tenho gosto* (algo que encanta, diz ele, mas não fascina), não se *sou* original. Mas, esse gosto que tenho ou adquiro é um gosto meu mesmo, um gosto próprio, ou um gosto coletivo, ao qual apenas adiro? Deixando Montesquieu e Wittgenstein um pouco de lado, pode-se propor que estou autorizado a imaginar que tenho um gosto próprio quando percebo que meu gosto se afasta *em alguma medida* do gosto predominante. Se meu gosto se identifica em tudo com o gosto dominante, não é um gosto próprio e pode nem mesmo ser um gosto, se o dominante tampouco o for. Por outro lado, se desse gosto dominante o meu gosto se afasta em tudo, de modo radical, simplesmente não é gosto: pode não ser nada, apenas um caso de alienação. Ou pode ser um *outro* gosto que com o geral não se comunica em nada e lhe é de todo estranho. Indiferente. Claro que isso que não é agora um gosto pode vir a propor-se como um... quando então os gostos que com ele se identificarem inteiramente tampouco poderão dizer-se *gostos*...

Para Kant, cuja *Crítica do juízo* (ou *Crítica da faculdade do juízo*)[5] apareceu cerca de trinta anos depois do ensaio de Montesquieu, o gosto é definido de modo mais específico como a faculdade de julgar o belo. Em mais detalhes, o gosto é a faculdade de julgar *desinteressadamente* um objeto ou um modo de representação, através da satisfação obtida ou da insatisfação constatada. Denomina-se belo, assim,

[5] Forense Universitária, 2002. V. também, *Duas introduções à Crítica do Juízo*. São Paulo, Iluminuras, 1995.

ao objeto dessa satisfação. Kant segue pelo caminho tomado por Montesquieu que, no *Gosto*, distinguia entre ter prazer na visão de uma coisa útil (dita *boa*) e ter prazer em ver algo sem que isso tenha uma utilidade precisa (neste caso, esse algo é dito *belo*). Mas enquanto em Montesquieu a discussão do gosto segue por vários caminhos, em Kant o ponto de vista privilegiado é o do belo. Esta distinção inaugura o campo de atuação privilegiado das políticas culturais, que é o da obra de cultura, de modo geral, e o campo de operação da estética, o da obra de arte singularmente, em detrimento dos outros domínios que, para Montesquieu, promoviam o desenvolvimento do gosto, como a visão de uma cidade ou de uma paisagem e as viagens. A viagem, hoje, poderia ser um fator destacado de desenvolvimento do gosto, já que é agora muito mais viável que ao tempo de Montesquieu. Claro que cabe perguntar qual seria, na atual situação do turismo de massa, a real possibilidade de ver ampliada a esfera de presença do ser com o simples deslocamento físico de um lugar para outro — em particular agora que, com a globalização, os lugares tendem a assemelhar-se todos: nada mais parecido a um aeroporto que outro aeroporto, nada mais parecido a uma loja de aeroporto que outra loja de outro aeroporto, nada mais parecido à comida de uma metrópole que a de outra metrópole, nada mais parecido com meu idioma do que o idioma que fala o guia de turismo, nada mais parecido com o filme norte-americano de TV que vejo em casa do que o filme norte-americano exibido em video-cassete ou DVD nos monitores de TV instalados no avião ou ônibus de turismo que me leva de uma cidade a outra no interior de um país que supostamente desconheço e que deveria ser *exótico* mas que desde logo, a partir dessa visão do filme enlatado exibido no ônibus, se me apresenta como estranhamente familiar, como intoleravelmente familiar, repulsivamente familiar... Junto a essa pergunta, outra pode agora legitimamente colocar-se: aquela referente à distinção entre turista e viajante. A viagem e o viajante não se tornaram impossíveis, ao contrário do que de modo simplista se costuma afirmar: ainda é possível viajar pelas brechas esquecidas pela indústria do turismo. Mas, o turismo, e com ele o simulacro da ampliação da esfera de presença do ser, é sem dúvida a grande tentação à qual é sempre e cada vez mais cômodo ceder.

Tradicionalmente, os estudos de estética aplicada, bem como as políticas culturais, ocupam-se do gosto em sua versão do "bom gosto". Mais recentemente, o mau gosto fez irrupção no domínio da alta cultura e passou a ser — em suas várias versões, entre as quais o kitsch e o *camp* — não apenas objeto de estudo acadêmico como também fonte de inspiração e, mesmo, de culto, portanto de prática: opta-se pelo kitsch, curte-se o kitsch, eleva-se o kitsch (na academia assim como fora dela) à categoria de arte, como se também ele fosse um modo *default* da arte e do gosto de agora.[6] Montesquieu não esteve alheio ao problema, embora a palavra *kitsch* não tivesse curso em sua época. No *Gosto*, faz distinções entre o "nobre" e o "inferior" (ou entre o *elevado* e o *baixo* ou o *vulgar*), mediados por algo que se encontra "exatamente" entre um e outro: o "ingênuo". Ressaltando que dos

[6] V., por exemplo, DORFLES, Gillo. *Il kitsch (antologia del cattivo gusto)*, Gabriele Mazzotta (ed.). Milão, 1969; e MOLES, Abraham. *Psychologie du kitsch, l'art du bonheur*. Paris, Mame, 1971; SONTAG, S. *A Susan Sontag reader*. Nova York, Vintage Books, 1982.

três o "ingênuo" é o de apreensão mais árdua ("está tão perto do que há de mais baixo que é difícil aproximar-se daquele sem cair neste"), escreve, sem qualquer preocupação politicamente correta, que "o inferior é o sublime do povo, que gosta de ver coisas feitas para ele e que estão a seu alcance". Já as pessoas "bem educadas" remetem-se, estas, sempre, às idéias nobres, sublimes ou, no máximo, às que estão naquele ponto intermédio, as ingênuas. Nenhuma complacência com o baixo, o inferior...

SENSIBILIDADE

Montesquieu incluiu ainda em seu estudo *uma* menção, menção realmente única, a outro tópico bastante contemporâneo que, nestes atuais tempos sofisticados (e é bom lembrar que em grego "sofisticado" queria dizer "falso"), surge não apenas com grande freqüência como na qualidade de substituto da idéia mesma de gosto: o da *sensibilidade*. Sensibilidade é gosto complexo — o gosto que seria próprio destes tempo atuais marcados pela hiper-informação e pela hiper-comunicação mas que já tinha, sem dúvida, toda motivação para existir e ser exercido ao tempo de Montesquieu e, mesmo, antes dele, muito antes dele. *Sensibilidade* não pode ser considerado um sinônimo perfeito de *gosto*, embora apontem ambos para fenômenos conexos. Para seguir a via sugerida por Montesquieu, a sensibilidade pode ser descrita como faculdade de experimentar, junto com "cada idéia ou cada gosto", várias idéias ou vários gostos acessórios. No capítulo dedicado à sensibilidade, ele não chega a descrevê-la assim (de fato, no corpo do capítulo sequer volta a mencionar a palavra) mas anota que "cada coisa nos dá um sentimento composto de muitos outros, que por vezes se entrechocam e se enfraquecem mutuamente". As *pessoas grosseiras*, como escreveu Montesquieu em sua linguagem nada politicamente correta e que expressa em via direta os julgamentos do autor, experimentam *sensações únicas*, não conseguem compô-las nem decompô-las, nem compor ou decompor nada: nada acrescentam àquilo que a natureza lhes fornece, nada da natureza retiram. As *pessoas delicadas*, pelo contrário, reconhecem que cada idéia, cada gosto, cada prazer compõe-se de *idéias*, *gostos* e *prazeres* no plural, com o que multiplicam ao infinito suas sensações e intelecções — do paladar ao amor, do entendimento conceitual ao tato.

UMA ESTRUTURA DA SENSIBILIDADE

A sensibilidade depende assim de uma percepção e um entendimento *relacionais* das coisas — e nisto o conceito de sensibilidade aproxima-se do conceito contemporâneo de ciência, para a qual não interessam mais, tanto, os objetos ou fenômenos em si como, e melhor, as *relações* que entre eles se estabelecem. Tanto mais apurada é uma sensibilidade quanto mais capaz de reconhecer ou propor relações entre os objetos que a animam. E este é outro aspecto, entre vários, em que a "imperfeição" do texto de Montesquieu esfuma-se como miragem: nada mais atualizado, para sua época e para agora, que o privilégio atribuído à operação de *relacionamento* praticada pelo espírito...

A sensibilidade, como o gosto, não é um fenômeno de todo misterioso: pode ser exercitada e, portanto, adquirida e modificada. Raymond Williams, ensaísta de tendência marxista ou, melhor, neo-marxista, e que esteve na origem do desenvolvimento dos Estudos Culturais na Inglaterra, fala mesmo, de raspão, numa *estrutura da sensibilidade*[7], fórmula heuristicamente

[7] *Cultura*. São Paulo, Paz e Terra, 1992.

estimulante que permite propor, para esse modo desdobrado de exercer o gosto, e ainda que seu autor não o tenha feito, um sistema armado por componentes individualizáveis sobre os quais se pode agir se o objetivo for adquirir ou alterar um gosto (desenvolver a sensibilidade). De imediato, dois desses componentes centrais, tampouco localizados por Williams, são perfeitamente identificáveis: o tempo e o espaço. À época de Montesquieu, o exercício do tempo e do espaço podia dar-se com a viagem (espaço e tempo reais, espaço em tempo real, vivência em tempo real desse espaço e desse tempo) ou, em outra esfera, com o teatro (espaço e tempo representados, embora no contexto de um espaço e um tempo reais de vivência do observador) e, de modo ainda mais distinto, com a literatura e as artes visuais ou plásticas (nas quais não há nenhuma vinculação entre o espaço e o tempo representados e o espaço e o tempo da apropriação dessa representação pelo observador, que em nenhum caso é um vivente daquele espaço e daquele tempo). A esses modos pelos quais a sensibilidade se desenvolve (e pode ser exercitada) a contemporaneidade acrescentou o cinema, com duas ocorrências bem distintas: a do cinema que representa um espaço e um tempo inteiramente distintos do espaço e do tempo em que se encontra o observador, e a do cinema que representa um espaço e um tempo no entanto estreitamente vinculados ao tempo real do observador (como nos filmes de Andrei Tarkovski, com seus planos-seqüência de longa duração nos quais o espectador pode experimentar a *duração* e a *dureza* do tempo representado; ou como nos filmes de Warhol em que a duração da cena representada é a mesma da situação real filmada em toda sua extensão e, portanto, a mesma experimentada pelo observador). Antes do cinema, o espaço (o estático) e o tempo (a passagem), fora da situação de viagem, podiam ser apreendidos apenas *metaforicamente* (um vitral de igreja mostrando cenas subseqüentes de um evento, uma tela mostrando lado a lado um velho e uma criança que são uma mesma pessoa em tempos distintos); com o cinema, é a própria passagem do tempo, *ele mesmo*, que se experimenta — conceitual e afetualmente — *enquanto* esse tempo e essa passagem se dão, com a conseqüente produção de um espaço diverso, de um espaço outro que no entanto pode ser concreta e vivencialmente experimentado. A televisão e a Internet acrescentaram, cada uma à sua maneira, uma qualidade suplementar a essa experiência: a contemporaneidade ou simultaneidade: o *enquanto*: no mesmo momento em que algo está acontecendo *ali* eu o estou vendo *aqui*; *enquanto* as torres estão caindo ali, eu estou vivendo aqui, experiência de um fenômeno que está acontecendo no exato instante de sua figuração. E a Internet, de modo especial, intensificou uma experiência não desconhecida pela televisão: a da *lateralidade*, materializada nas *janelas* e nos *links*. A arquitetura, por certo, propõe diferentes possibilidades de desenvolvimento da sensibilidade conforme a modificação das variantes do tempo e do espaço: a experiência do românico (apreensão instantânea e sintética de todo um espaço e de seu tempo), a do gótico, do barroco e do pós-moderno (necessidade de deslocamento real no espaço, portanto no tempo, para a experimentação desse espaço e desse tempo; no caso do pós-moderno, é verdade que esse aspecto se refere mais ao exterior da construção do que a seu interior, como no

Guggenheim de Bilbao, embora não seja menos necessário o deslocamento pelo espaço, portanto pelo tempo, para ter-se a experiência total desse exterior). E a música oferece ainda outra possibilidade de exercitação dos componentes *espaço* (mais abstrato ou mais aberto) e *tempo* (tão vinculante quanto o cinema e a viagem, num sentido — pois se dá no mesmo tempo da audição —, ao mesmo tempo em que enormemente mais flexível e imaginário, em outro). As possibilidades de exercício da sensibilidade, tanto na aquisição quanto na alteração, se não infinitas, são múltiplas, numa escala que Montesquieu não conheceu e não podia imaginar; o procedimento que propôs, no entanto, adicionado ao que hoje se oferece ao fenômeno da sensibilidade, continua essencialmente válido. E a estas proposições culturais, concentradas nos domínios da arte, é o caso de acrescentar-se outras tantas de natureza teórica, ou que pertencem ao *conhecimento* como poderia dizer Montesquieu, como as da teoria da *Gestalt* (com seus exercícios em relação ao tempo e ao espaço) e as de Gaston Bachelard em *L'intuition de l'instant*, em relação ao tempo, e em *A poética do espaço* a respeito, claro, do espaço.[8] Não se discutirá aqui a questão do conteúdo, uma vez que o conteúdo e a experiência do conteúdo configuram uma espécie de grau dois da sensibilidade, um grau acessório (no sentido dado por Montesquieu a essa palavra), complementar ou suplementar da sensibilidade. Antes deste, será necessário passar pelos outros componentes físicos da sensibilidade, como o espaço e o tempo, dos quais Montesquieu tinha plena consciência (embora não os formalizasse), demonstrada na sua anotação, em outro texto (no *Journal de voyage*), sobre sua prática de sempre *subir* (espaço) ao ponto mais alto de uma cidade, ao nela *chegar* (tempo), para poder ver o conjunto (conteúdo) numa certa ordem (forma). As épocas posteriores a Montesquieu, a modernidade inicial e depois a plena, herdeiras do iluminismo, tenderam a esquecer-se, no campo da reflexão embora não no da prática da arte, do componente sensível, do gosto e da sensibilidade, por ele postos em destaque, e apostaram tudo no componente intelectual (conteúdo) ou, pelo

---

8 BACHELARD, Gaston. *L'intuition de l'instant*. Paris, Stock, s.d.; *La poétique de l' espace*. Paris, PUF, 1974.

contrário, no mais *baixo*, no mais *inferior*, no mais mecanicamente *afetual*, numa operação da qual a resultante tem sido uma sensibilidade deficiente, desequilibrada, capenga e, no limite, inexistente. Por isso também é o território do gosto e da sensibilidade o mais pantanoso dentre os três que delimitam os modos de relacionamento entre o pensamento, o mundo e a vida: o avanço, nele, se faz por intermitência, erraticamente — e por vezes não há avanço nenhum. Digo isso porque no início de sua reflexão sobre o gosto, Montesquieu defrontou-se com uma polêmica sobre a prioridade que se deveria dar ao intelecto ou, pelo contrário, às emoções e sentimentos no julgamento do valor de uma obra do espírito. Respondendo a um amigo que lhe enviara um texto sobre a prioridade a ser concedida às sensações e emoções, para contrariar a tese do predomínio necessário do intelecto, Montesquieu observava, em 1726, que ele pessoalmente preferia um *termo médio*, afirmando que se deveria exercer o juízo pelo sentimento e pela razão — embora reconhecesse que, de dois críticos, o que demonstrasse *mais sentimento* seria aquele dotado de um *espírito mais apurado*... É que um "homem de espírito", uma *pessoa* de espírito, como se diz hoje, é capaz de *sentir* aquilo que os demais apenas *podem conhecer* (conhecer pelo intelecto, isto é; não basta, diz ele no capítulo "Dos prazeres da alma", conhecer as diversas fontes de nossos prazeres para ter gosto). Essa aposta de Montesquieu permanece válida, num momento em que a sensibilidade, em vez de encontrar a cada dia novos motivos de revigoramento nos novos meios de comunicação e locomoção, é sempre mais convidada, paradoxalmente, a padronizar-se e anular-se como ação de um espírito individual e livre. Tampouco aqui é visível a "imperfeição" de Montesquieu...

SENTIR COMO SUA ÉPOCA

Se imperfeição há no *Gosto* de Montesquieu, ela não é maior que a encontrável mesmo em alentados tratados de estética. De maneira localizada, porém, ela poderia ser identificada num ponto determinado, se se fizer questão disso: ali onde o autor prega a superioridade do estilo grego sobre o gótico, no capítulo "Dos prazeres da variedade". Permitindo-se desfrutar a beleza de uma pintura e de uma fachada apenas quando já estava com 35 anos, Montesquieu, que morreu aos 66, talvez não tenha levado sua alma a passear tanto quanto ele mesmo pregou e sabia que devia levar. Não *viu* o suficiente para *comparar* e *treinar* sua visão, ou não viu o suficiente e suficientemente cedo para poder comparar e optar com plenitude de domínio. E talvez por não ter visto o suficiente, pode ter dado demasiada importância ao que *outros* diziam, ao que outros *sabiam*, ao que terceiros *conheciam*. O gótico foi um estilo que sobreviveu ativamente, e não só como resquício histórico consolidado em catedrais e outras edificações, pelo menos até o final do século 16; e a esse estilo os escritores italianos da Renascença (os críticos de arte da Renascença, os primeiros da história), que Montesquieu certamente conhecia pelo menos de ouvir falar se não de ler, se referiam como sendo uma obra de barbárie, uma obra dos Godos, aos quais o termo "gótico" se referia de modo pejorativo. O estilo da Renascença, pregando um retorno à sensibilidade grega clássica, estava em guerra declarada contra o gosto gótico (no qual talvez nem reconhecesse uma sensibilidade, isto é, um gosto complexo, um gosto onde diversos sentimentos se relacionassem acessoriamente — no entanto, é exatamente no gótico que pela primeira vez na história os diversos sentimentos do indivíduo são convocados ao mesmo tempo por variados estímulos: as cores dos vitrais, o cheiro do incenso nas grandes missas nas catedrais, o som da voz humana nos cânticos, a música, a luz e sombra, as imagens, os panos das roupas sacerdotais...). E Montesquieu, viajando pela Itália onde pôde ver as melhores obras da Renascença, deve ter com elas se maravilhado. O gótico era um estilo "ultrapassado", o renascimento era "mais contemporâneo", mais atual, *pós-moderno* — e nisso Montesquieu revelava-se um homem de sua época, uma época que ele vivia não apenas e não tanto filosoficamente como, sobretudo, historicamente. Atacar o gótico fazia parte da *sensibilidade* literária de sua época, e dela Montesquieu participou. É verdade, por outro lado, que ele não viveu *inteiramente* seu presente histórico, e isso porque há, nessa história toda, um terceiro estilo sobre o qual ele se cala: o barroco, desenvolvido ao longo de todo o século 17, o século da infância de Montesquieu, ele que nasceu em 1689, e que durou pelo menos até 1750, década da maturidade do autor de *O espírito das leis*. E se menciono o barroco é porque o barroco é, digamos, um desdobramento do gótico, uma variante do gótico. Qual teria sido a reação de Montesquieu ao barroco? Qual, de fato, foi sua provável *revisão* do gótico, desse gótico do qual Paris tem um dos pontos altos, a catedral de Notre-Dame? Da Itália ele escreve que, não tendo se permitido desfrutar uma pintura ou uma fachada até os 35 anos de idade, iria a partir de então recuperar o tempo perdido e, voltando à França, rever Paris pois "ainda não a tinha visto". Reviu Paris, reviu suas opiniões? O *Gosto* ficou inacabado e com isso Montesquieu aparece, ele também, fixado no *gosto infantil* da humanidade pelos gregos clássicos, o mesmo gosto do qual não se livraram nem Marx, nem os "pais fundadores" da democracia dos EUA que mandaram fazer uma Washington segundo os moldes do que erroneamente acreditavam ter sido a Grécia antiga. Gosto infantil e duplamente infantil: porque gosto pelos primórdios, pelos "anos dourados" como imaginariamente o são todos os primeiros anos de um indivíduo ou de uma civilização, e porque gosto ludibriado, enganado, uma vez que a arquitetura grega nunca havia ostentado aquela pureza branca de suas linhas e formas que os Renascentistas, e tantos depois deles, cultuavam e buscavam reproduzir: a arqueologia ainda não demonstrara que os elegantes e bem proporcionados templos brancos dos gregos haviam sido na verdade amarelos e azuis e dourados, um soco visual típico da arte michoacana, por exemplo, e que, a partir de determinados padrões contemporâneos de beleza, poderiam ser vistos como próprios do *kitsch*. Nem Montesquieu, nem a Renascença sabiam disso. Teriam mudado de opinião, caso soubessem? O fato é que a sensibilidade de Montesquieu, ela mesma, fica aí em cheque — isso se for alegada como um *valor* a necessidade de pelo menos acompanhar-se, se não for possível *gostar* disso, aquilo que se está fazendo na época mesma em que um ser, uma alma, quer estender sua esfera de presença.

Mas se *isso* pode configurar uma "imperfeição" do *Gosto*, não é menos verdadeiro que de outro ponto de vista, e um ponto de vista bem contemporâneo, as razões que ele demonstra para preferir a arquitetura grega à gótica não poderiam ser mais precisas, atuais e teoricamente válidas.

Quando em sucessivos capítulos do *Gosto* Montesquieu fala da necessidade de ver as coisas numa certa *ordem*, quando diz que apesar da ordem necessária é preciso que uma obra apresente *variedades*, quando afirma a *simetria* como um grande guia do gosto mas quando, reconhecendo a aparente contradição, afirma que mesmo assim a variedade e a *surpresa* precisam existir para que o gosto seja estimulado e o prazer sobrevenha, o que ele está de fato fazendo é antecipar-se à mais contemporânea teoria da informação e percepção estéticas e aplicar à perfeição seus princípios *avant la lettre*. É efetivamente essa teoria que dá forma coerente a uma série de princípios que, obviamente, os artistas sempre haviam conhecido e posto em prática em suas obras mas poucas vezes ou nunca haviam exposto doutrinariamente, nem eles nem os críticos ou historiadores. É essa teoria que comprova experimentalmente que, havendo excesso de variação, nada se vê, assim como nada se vê quando há excesso de repetição; é essa teoria que demonstra, matematicamente, que a comunicação está no meio termo entre a total previsibilidade e a total imprevisibilidade, citada por Montesquieu no episódio da obra de arte mostrada apenas pela metade e que leva o observador a querer imaginar como será a parte oculta, eventualmente surpreendendo-se com o que vier a ver. Ainda ela é que mostra como os extremos se tocam e se confundem: o zero de informação e a informação máxima possível, que levam, ambos, à indistinção, à falta de apoio para o olho, ao cansaço, à indiferença e ao desprazer, ao caos. É ela igualmente que demonstra como a música erudita "tradicional", a de Bach e Vivaldi e Mozart e Beethoven, atrai pela repetição entremeada pela comedida variação e como a música "contemporânea" repele pela ausência de expectativa criada (portando pela falta de repetição) a ser em seguida atendida. Recorrendo a essa classe de argumentos para explicar sua opção por determinados tópicos e sua desafeição pela arquitetura gótica, Montesquieu revela à perfeição seus pontos de vista, mesmo não convencendo em sua opção (os argumentos são bons, mas a conclusão final não é incontrovertida). Afinal, o gótico se revela perfeitamente apreensível a quem se dispõe a apreendê-lo, assim como de fato o gótico é intencionalmente um "enigma visual" que incomoda a alma; mas é que não está escrito em nenhum tratado estético respeitável que o fácil deve sempre prevalecer e é melhor fonte de prazer; pelo contrário, existem no próprio Montesquieu argumentos para defender o exato inverso disso.

O ESPÍRITO, OBRAS DO ESPÍRITO, OBRAS DE ESPÍRITO

E há, enfim mas não por fim, um ponto fortemente estimulante no tratado *imperfeito* de Montesquieu: aquele que consiste em sua insistência na idéia de um *espírito* que vê, encontra prazer e pode ser desenvolvido, e em sua ênfase na existência de obras que se destinam a esse espírito — as obras do espírito, exatamente: as obras *de espírito*. Seria possível dizer que essa expressão, *œuvres d'esprit*, é comum em francês, naquele tempo e ainda agora, como se pode ver hoje, um mês do ano de 2003, nos documentos de trabalho para a definição da constituição da União Européia em cujo contexto a França acertadamente quer fazer prevalecer o princípio da exceção cultural, isto é, o princípio da diversidade cultural e da noção de que cultura não é batata nem carro de assalto, não podendo ser jogada na arena do "livre" mercado nem abandonada para morrer sob os dentes vorazes do produto massificado

— ou do Estado controlador. Assim é, de fato: em francês, *œuvres d'esprit* é uma expressão corrente. Mas faz bem ao *espírito* lembrar que esse é um modo privilegiado de referir-se às obras de arte e que, segundo, para serem obras de arte as obras devem ter espírito, devem ser *de espírito*. Esse é um lembrete tanto mais válido quanto os tempos são, hoje, os do *lixo cultural* mais escancarado, desprezível lixo cultural que, como monopólio, invade brutalmente as telas de cinema e de TV do mundo todo, como também as exposições de arte e as bienais, para, a partir delas, embotar a sensibilidade e ao final erradicá-la, instalando em seu lugar a *apatia absoluta*. Falando de obras do espírito, Montesquieu nos lembra que há formas *privilegiadas* e, também, conteúdos *privilegiados* quando a intenção é gerar obras de arte. Montesquieu insiste na idéia de *prazer delicado*. É uma boa insistência. Uma bela insistência. Quase não querendo enveredar pela discussão sobre o que vem a ser bom gosto e mau gosto — digo "quase" porque quando se trata de comparar o gótico ao grego ele não hesita em manifestar sua preferência e portanto sua idéia de valor—, o que Montesquieu faz no *Gosto* é assumir a atitude do cientista do gosto e procurar descobrir como o gosto se forma e como se organiza, independentemente de seu conteúdo. Portanto, Montesquieu não fala de estilos particulares, embora fale de Veronese e Rafael e Correggio e Michelangelo. Seria indevido, assim, levantar aqui questões como a da propriedade do realismo no cinema de hoje, e do realismo do cinema de violência (que não se distingue facilmente do cinema violento) e sua incapacidade de produzir obras de arte, quer dizer, obras *do* e de espírito. Indevido falar disso mas inevitável falar disso... Que fique registrado, de todo modo, que ele insiste na noção de *prazer delicado*, e de *delicadeza* e *espírito*, questões de *total atualidade* e que dão ao *Gosto* seu contexto de legitimidade, à época como agora.

Um texto que dialoga com a sensibilidade de contemporâneos como Wittgenstein e Max Bense[9] e outros ensaístas da informação estética, e com o Italo Calvino de *Seis propostas para o próximo milênio*[10], e com quantos artistas variados em que

---

[9] *Pequena estética*. São Paulo, Perspectiva, s.d.

[10] CALVINO, Italo. *Seis propostas para o próximo milênio: lições americanas*. São Paulo, Cia. das Letras, 1990.

se possa pensar, nunca será imperfeito. Disso os editores da *Encyclopédie* não podiam, acaso, saber. Nós, temos de sabê-lo. A epígrafe, assinada pelos diretores do *grande livro* e reproduzida na abertura deste volume, perde com isso um pouco de sua razão de ser. Mas vale para ressaltar o modo como um verbete sobre o gosto — e o prazer — acabou integrando o livro fetiche do Iluminismo e como, em arte e filosofia, um esboço pode valer tanto quanto a obra final que poderia ter sido...

A Iluminuras dedica suas publicações à memória de sua sócia Beatriz Costa [1957-2020] e a de seu pai Alcides Jorge Costa [1925-2016].